紧盯市场强势热点龙头
及时准确把握买卖时机

买卖先机之三
涨停解码

涨停之鹰 ◎ 著

四川人民出版社

图书在版编目（CIP）数据

买卖先机之三：涨停解码/涨停之鹰著. —成都：四川人民出版社，2017.11
（专家论股系列丛书）
ISBN 978-7-220-10436-7

Ⅰ.①买… Ⅱ.①涨… Ⅲ.①股票交易-基本知识 Ⅳ.①F830.91

中国版本图书馆CIP数据核字（2017）第251843号

MAIMAI XIANJI ZHISAN ZHANGTING JIEMA

买卖先机之三：涨停解码

涨停之鹰 著

策划组稿	王定宇
责任编辑	何秀兰 何佳佳
封面设计	张 科
技术设计	戴雨虹
责任校对	梁 明
责任印制	王 俊

出版发行	四川人民出版社（成都市槐树街2号）
网　　址	http://www.scpph.com
E-mail	scrmcbs@sina.com
新浪微博	@四川人民出版社
微信公众号	四川人民出版社
发行部业务电话	（028）86259624　86259453
防盗版举报电话	（028）86259624
照　　排	四川胜翔数码印务设计有限公司
印　　刷	自贡市华华广告印务有限公司
成品尺寸	160mm×240mm
印　　张	13.75
字　　数	165千
版　　次	2017年11月第1版
印　　次	2017年11月第1次印刷
书　　号	ISBN 978-7-220-10436-7
定　　价	42.00元

■版权所有·侵权必究

本书若出现印装质量问题，请与我社发行部联系调换
电话：（028）86259453

目录

第1章 趋势投资的基本面分析要领 ……………………………… 001
1.1 趋势投资和价值投资的区别 /001
1.2 趋势投资的巨大优势 /004
1.3 股本结构 /006
1.4 行业属性 /013
1.5 高送转潜力 /017
1.6 价格优势 /025

第2章 价值投资的分析重点 ……………………………………… 028
2.1 估值水平研究 /029
2.2 分析财务报表的重点注意事项 /033
2.3 快速解读三大财务报表 /035

第3章 交易前后的准备工作 ……………………………………… 042
3.1 每日综合资讯解读 /043
3.2 投资者互动平台 /046

3.3 停复牌信息 /051

3.4 龙虎榜单 /054

第 4 章　Level-2 行情数据的特色功能 ································· 058

4.1 是否有必要使用 Level-2 行情数据 /059

4.2 资金流向特色功能 /062

4.3 综合特色功能 /073

第 5 章　横向统计技术分析指标的强大作用 ····················· 094

5.1 横向统计技术指标 /095

5.2 涨停横向统计技术指标的建立 /097

5.3 连续涨停统计分析 /112

5.4 使用横向统计指标的注意事项 /119

第 6 章　独特的分析方法和交易策略 ································· 123

6.1 用统计的方法提前预知市场人气的强弱状态 /123

6.2 分批介入好处多 /134

第 7 章　热点题材股的把握技巧 ·· 142

7.1 二股东也会有大行情 /143

7.2 要约收购促使股价狂飙 /151

7.3 共享单车让老树发新芽 /159

7.4 低价高送转是罕见良机 /166

7.5 雄安新区引发全面暴涨 /169

第8章 市场运行的一般规律 175

- 8.1 大盘位置决定风险程度的高低 /176
- 8.2 明确各种形态的波动程度 /178
- 8.3 当天涨停个股的构成和原因 /181
- 8.4 题材股的一般运行特性 /183
- 8.5 中长期上涨趋势运行的一般规律 /190
- 8.6 加速下跌的形态特征 /192

第9章 市场重大风险来临的先兆和防范要领 194

- 9.1 提高交易成本 /195
- 9.2 扩容政策与股市位置的关系 /198
- 9.3 政策叠加效应对市场的影响 /201
- 9.4 90日均线是牛熊市划分的分水岭 /207
- 9.5 股市运行与监管之间的关系 /213

第 1 章
趋势投资的基本面分析要领

趋势投资与价值投资是投资领域中两大主要的投资方式，究竟哪一种方式更好见仁见智，因而不能简单地取舍，应该根据股市的发展阶段、法律环境、投资者构成和自身优势来确定，只有找到最适合当下投资环境和自身能力水平的投资方式，才是最好的。对于趋势投资者而言，对个股的基本面进行分析，主要就是对个股所属行业和地区、蕴含的题材、股本结构、股价的高低等进行分析。

1.1 趋势投资和价值投资的区别

对于不同投资风格的投资者来说，进行基本面分析都是非常重要的，只不过趋势投资和价值投资关注的侧重点不同。趋势投资和价值投资的区别主要表现在：首先，趋势投资主要关注个股的行业属性、股本结构、高送转潜力和绝对股价的高低等；而价值投资主要关注上市公司的盈利水平和估值高低，其中主要包括净利润增长率、净资产收益率和市盈率水平等。

其次，趋势投资者通过对个股财务数据的研究，加上良好的炒作题材，以及较好市场环境的配合，个股往往就会走出一波较强的上涨行情。而价值投资在对潜在标的财务数据进行深入分析之后，剩下的就是等到个股出现大跌时择机买入来较长期地持有。

再次，趋势投资在买入时往往需要大盘处于较强的趋势之中，更多采取追涨的方式。而价值投资大多数是选择大盘或是个股处于大跌期间进行低吸，两种风格的投资者在买入时所采取的操作策略往往相反。而在卖出时，趋势投资者是以个股的走势是否良好作为唯一的判断标准，价值投资者则更多是以股价是否低估来作为卖出的依据。

当然，不管价值投资还是趋势投资，若是投资者处于一个不良的投资环境中，对大家都会造成不利的影响，只是相对而言，趋势投资者因注意短期的价格波动，会在股价走势不利时及时地进行止盈或止损，因此，即使出现一些不利因素，很多时候是可以更好地规避风险的。

趋势投资是指依股市运行的各种状况来决策的投资方法，即运用各种技术分析方法、技术指标、K线组合形态、量价关系、分时走势等对未来的趋势进行分析。主要遵循的是顺势而为的理念，其基本的操作原则是：在股指连续下挫的时候轻仓短线介入博取反弹，在股指上升阶段重仓介入；在股指处于较高位的时候保持轻仓以免踏空；在股指呈现较明显顶部迹象时清仓或大幅降低仓位以规避风险，趋势投资通常都设置有严格的止盈或止损的条件。

价值投资是资本市场投资中一种很常见的投资方式，核心就是专门寻找价值被低估的股票。

这种投资方法由哥伦比亚大学的本杰明·格雷厄姆于20世纪30年代创立，之后经过伯克希尔·哈撒威公司的CEO沃伦·巴菲特发扬光大，使得价值投资的方法在全球越来越多的国家广为流传而备受推崇。该投资理念为股票价格围绕内在价值上下波动，而内在价值可以用一定方法进行测定，从股票的长期价格来看，一定是有向内在价值回归的趋势，所以，当股票的价格较大幅度低于内在价值时，就是介入的较好机会。公司未来发展具有很强的确定性和具备足够的安全边际，是价值投资最为重要的两个方面。

当然，价值投资需要借助上市公司报表，市场公告，证券公司、会计师事务所、律师事务所、评级机构等各个相关机构的分析研究报告来对公司的内在价值进行分析，因此，进行价值投资的前提是既要保证提供的数据真实、完整和及时，同时又需要一个完善的法律环境来支撑，否则，由此得出的判断自然不可靠，更可能导致内幕交易、违规造假等损害投资者利益的情况频繁发生。

但是，价值投资者持有股票的时间往往很长，通常只要他们感觉公司的基本面没有出现问题，他们是不会在意股价短期的波动，更不会选择卖出的。然而，一旦等到他们知道当初介入依据的信息是虚假或是有问题的，或是自己对公司基本面判断有误时，此时往往股价已经下跌很多了。因此，要想进行价值投资，就必须掌握较为可靠及时的各种相关信息，能对未来较长时期的宏观政策和公司发展的走向有较为准确的预测，还要有超人的毅力排除各种短期的干扰来长期持有，而所有这些，是绝大多数普通投资者不具备的。

此外，由于目前国内的各项法律制度有待完善，尤其是对于违法犯罪行为的处罚力度明显还不够，导致上市公司违规造假事件时有发生，在这种环境下如果过多依赖不能完全确定是否真实的财务报表，显然存在较大风险。因此，相对而言，价值投资更适合那些有资金优势、人才优势和信息优势的专业机构；而对于广大的普通投资者，自然更适合进行趋势投资。

1.2 趋势投资的巨大优势

前文分析了趋势投资和价值投资的区别,笔者认为,在相当长的时期内,对于广大的普通投资者而言,进行趋势投资比进行价值投资更有优势,其中最根本的原因就是普通投资者不具备价值投资所需要的信息优势、专业的财务分析技能等。

进行趋势投资的话,就可以最大限度地将主动权掌握在自己的手里。因为,进行趋势投资分析的各项依据对于所有投资者来说基本上是平等的,当然了,也不可能绝对平等。比如,若是投资者使用的是Level-2 行情数据看行情,自然就比使用普通行情软件的投资者能看到更真实、更完善和更及时的数据,这也是为什么笔者将在后面用一章的篇幅详细介绍 Level-2 行情数据的巨大优势的原因。除此之外,大家主要都是依据 K 线图、成交量等指标来进行个股走势的预判,而投资结果的好坏主要就是看个人的综合技术水平的高低了,显然,趋势投资才是当前最适合广大普通投资者的投资方式,具体理由如下:

首先,从市场表现来看,在牛市中,低价题材股的涨幅平均大幅超过高价绩优股,而在单边熊市和震荡市中,基本上大市值的蓝筹股不会有大行情,大多数的股票是跟随大盘几乎同步运行的走势;而只要股票挑得好,低价题材股逆势上涨的情况远多于大盘蓝筹股,大黑马大部分也出自低价股。

其次,从操作的可行性方面来看,价值投资对于普通散户来说相对不现实,因为散户一般既不具备分析公司财务报表的专业能力,也没有去考察上市公司的财力和精力,上市公司若有什么重大利空消息,等到公开披露让小散户知道时通常为时已晚,那时可能股价早已跌得不成样子了。

而技术分析则不同,它有两个基本假设,一是历史往往会重演,二是市场走势反映了所有已知和未知的信息。当公司有什么好的或不好的状况时,多多少少会提前透露出来,股价在市场上自然会提前做出相应的反映。技术分析水平不错的话,是完全可以通过个股的蛛丝马迹来捕捉到未来的牛股,从而获得较好的回报,或者较为及时地规避个股的重大风险。所以,在股市中,经常会发现某只股最近大涨了,过不了多久,公司就会出台利好消息,相反,若是上市公司出现了什么重大不利状况,这些不利因素通常是无法做到绝对保密的,会被一些消息灵通的个人、机构,或是媒体获悉,继而造成股价的不断下跌。所以,如果你不清楚这家公司出现了什么问题,看到个股走势明显不正常,那么,不管三七二十一,先出局通常就会规避掉一些巨大风险。

最后,技术分析可以规避大的系统性风险。以2007~2008年快速转换的牛熊市为例。在2007年大盘大涨近1倍的情况下,开放式基金的平均涨幅为128%,而在2008年大盘暴跌了65%后,开放式基金的平均跌幅为50%。虽然,其中有一些不利的持仓比例等政策限制的因素,但在大的危机来临后,规避不了风险,导致如此大的亏损,一方面是由它们固有的投资方式决定的,另一方面,也和基金经理整体素质不高有关。但若是奉行趋势投资的话,只要技术不是太差,规避掉这场大的危机也并非难事。就算是亏,也不至于亏得那么多。

当然,这并不是说价值投资就不行,相反,成功者不可胜数。其实,找到一种适合自己的投资方式,才是最重要的。

> **【要点提示】**趋势投资具有多种优势，主要以技术走势来决定买卖时机。交易品种中很多都是业绩不佳的题材股，其实就是这种投资方式的固有特点。只要坚持各项选股原则，选好买卖时机和严格执行止损纪律，其风险通常还是可以把控的。不过，由于管理层早就明确表示，未来将会加大对退市公司的清理力度，为了规避这类风险，投资者还是尽量不要选择那些有巨大隐患，或是已经出现重大风险的上市公司，也尽量不要参与ST、*ST等风险明显较大的股票。

1.3 股本结构

上市公司的股本并非一上市就全部是流通股，它是由多种性质的股份构成的。从是否可以流通的角度划分，它可以分为限售股和流通股；以对上市公司的控制力强弱而言，它可以分为实际控制人或大股东和其他股东。具备特色股本结构的公司往往存在更多的机会，因为这些结构与市场中经常炒作的题材具备很强的关联性，产生热点题材的概率更高。

投资者应格外关注具有以下特征的股票：

1. 一家上市公司股权分散，前几大股东的持股比例较为接近，该股出现大股东变更或是被举牌的概率就要远高于一股独大的上市公司。而大股东易主往往是市场最喜欢炒作的重大题材。

2. 若是大股东具备实力强大的背景，后续获得优质资产注入的概率也会大增。

3. 上市公司若是具备国资背景,在市场中股性往往更加活跃,因为很多国企时常会进行各种制度改革、资产优化重组,而这些也是市场比较喜欢炒作的题材。

下面以梅雁吉祥(600868)为例,分析股本结构对投资决策的重要性。图1-1为梅雁吉祥2016年9月~11月的日线图。

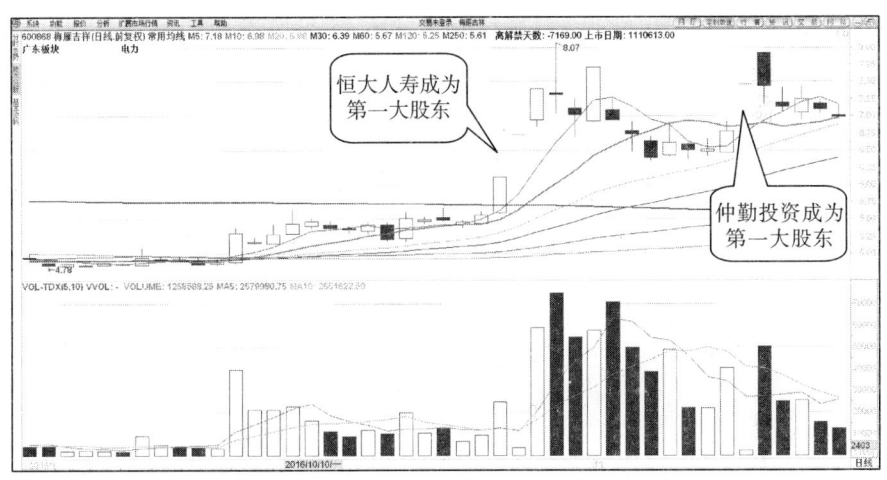

图1-1　梅雁吉祥2016年9月~11月的日线图

2016年10月25日晚,梅雁吉祥发布第三季报更正公告称,截至9月末,恒大人寿持有公司股份9395.83万股,占公司总股本的4.95%,为公司第一大股东。值得注意的是,梅雁吉祥第三季报发布前的10月25日,获得多个营业部游资强势买入。25日更正公告发出后,26日该股开盘一字涨停,第二天继续涨停,第三天最高上涨9%左右。

晚间公告,公司于11月11日接到广州市仲勤投资有限公司通知,11月10日,广州市仲勤投资有限公司通过上交所集中竞价交易系统增持本公司无限售条件流通股94,907,532股,占本公司总股本的5.00%。公司此前无控股股东及实际控制人,本次权益变动使公司第一大股东发生变动。

在恒大人寿成为第一大股东仅间隔半个月左右，第一大股东就发生变化，梅雁吉祥的股价也在市场上以两天最多上涨15元左右做出了反映，不过，这次由于在一字涨停后的次日股价就冲高见顶了，显然不具备操作价值，但是，该股的活跃程度是显而易见的。然而，要是以为这种大股东易主行情仅3个涨停就基本到头了，那就大错特错了，下面还是以梅雁吉祥为例来看看该股2015年曾经更加强劲的表现。图1-2为梅雁吉祥2015年5月～10月的日线图。

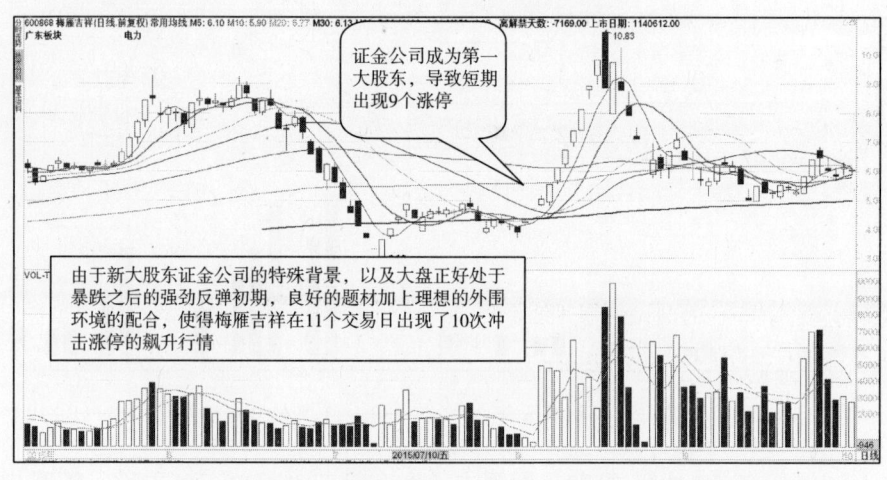

图1-2 梅雁吉祥2015年5月～10月的日线图

2015年8月3日晚间，梅雁吉祥发布公告称，截至7月31日，公司大股东再度发生变更，中国证券金融股份有限公司成为公司第一大股东。公告还称，根据向中国登记结算公司查询的股东名册结果显示，截至2015年7月31日，法人股东中国证券金融股份有限公司持有公司股份合计983万股（占总股本的0.52%），为目前公司第一大股东。

在公布这一重大利好之后，梅雁吉祥连续两天一字涨停，第三天上涨8.28%，随后连续7天均以涨停报收，这样亮丽的短期走势，即使是在大牛市期间也是难得一见的。该股之所以可以走出如此疯狂的走势，和新的第一大股东的强大背景以及当时所处的大盘环境有直接的关系。由于新大股东证金公司的特殊背景，以及大盘正好处于暴跌之后的强劲反弹初期，良好的题材加上理想的外围环境的配合，使得梅雁吉祥在11个交易日出现了10次冲击涨停的飙升行情。

首先介绍一下当时的市场背景。2015年，在大盘仅用半年多时间就走出翻倍行情，到达5000点左右之后，管理层就开始不断出台了一系列调控股市的政策，其中最为严厉的莫过于大幅限制金融杠杆的规定，这强烈地表达了政府不希望股市极限上涨的信号和决心，于是，在2015年6月12日～7月9日，上证指数从5178点暴跌到了3373点，跌幅为35%！而个股的跌幅更是惨烈，一半左右个股的跌幅达到50%左右，其间出现过千股跌停的场面，很多上市公司寻找各自理由申请停牌，以期能减少市值损失，于是，又出现了中国股市的另一奇观，高峰期有1000多只个股处于无法交易的停牌状态。这也许是上市公司在极端情况下可以为股民做的一个暂时减少损失的无奈之举吧。

在这样罕见的股灾面前，要是管理层再不出台各种强有力的救市举措，以增加投资者的信心来维持资本市场的稳定，那么，将很可能导致一系列的金融危机，因此，股史上规模最为庞大的救市措施就接二连三地出现了。

其次需要对梅雁吉祥的新大股东证金公司做一个介绍，该公司官网上的简介是：中国证券金融股份有限公司（简称中证金融公司）成立于2011年10月28日，是经国务院同意，中国证监会批准设立的全国性证券类金融机构，是中国境内唯一从事转融通业务的金融机构，旨在为证券公司融资融券业务提供配套服务。其股东单位有：上海证券交易所、深圳证券交易所、上海期货交易所、中国证券登记结算有限责任公司、中国金融期货交易所、大连商品交易所和郑州商品交易所。公司的经营宗旨是：坚持平等、自愿、公平和诚实信用原则，发挥维护市场稳定、活跃市场交易、提供市场服务的职责作用……

这样的背景可以说是无比强大了，绝非市场上一般的举牌公司可以相提并论，因此，仅是这一条就足够支撑梅雁吉祥几个涨停的走势了。而该股还可以走出10个涨停，就需要当时特殊大盘环境的配合才有可能了。

早在证金公司成为梅雁吉祥第一大股东之前的2015年7月，中国证监会就决定，由中国证券金融股份有限公司提供充裕资金用于申购公募基金，为基金公司提供流动性，以增强投资者信心，保障公募基金行业平稳运行，发挥专业机构投资者稳定资本市场的作用。中证金融公司将在继续维护蓝筹股稳定的同时，加大对中小市值股票的购买力度，缓解市场流动性紧张状况。证金公司不仅是具备调动巨量资金能力的国家直接下属的超级金融巨无霸，而且和汇金公司同为本次救市两大国家队主力，这样的背景下，成为一家上市公司的第一大股东，想象力就超乎寻常了。而且，当时梅雁吉祥启动前股价也处于3.89元的低价位，也为该股后续的强劲表现提供了极大的便利。

看了梅雁吉祥的强劲表现，可能每一位投资者都会幻想要是自己提前埋伏该股该多好啊！虽然这种概率微乎其微，但是，懂得一些选股技巧，就可以大大增加选中的概率。表1-1为梅雁吉祥大股东构成列表。

虽然表上的数据是笔者写作本书时的2017年3月的，但是，该股在2015年7月时的股权结构和上面的基本没有什么大的区别，而且，根据公告中提到的持有公司股份合计983万股（占总股本的0.52%），为目前公司第一大股东，就可以知道之前的第一大股东持股比例居然

表1-1 梅雁吉祥大股东构成列表

```
【3.股东变化】
截至日期:2017-03-31 十大流通股东情况 A股户数:446370 户均流通股:4252
累计持有:15188.40万股,累计占流通股比例:8.00%,较上期变化:-5508.6万股↓
股东名称（单位:万股）        持股数    占流通股比(%)  股东性质    增减情况
```

股东名称（单位:万股）	持股数	占流通股比(%)	股东性质	增减情况
广州市仲勤投资有限公司	9490.75	5.00 A股	其他	未变
霍少华	1038.88	0.55 A股	个人	↓-1036.32
谢媚媚	820.83	0.43 A股	个人	↓-980.75
李凯特	701.21	0.37 A股	个人	新进
DEUTSCHE BANK AKTIENGE SELLSCHAFT	691.30	0.36 A股	其他	↓-94.39
陆成梁	647.59	0.34 A股	个人	新进
谢爱平	544.28	0.29 A股	个人	新进
宋晓冰	444.15	0.23 A股	个人	↓-1044.56
宋艳	427.93	0.23 A股	个人	新进
叶伟	381.47	0.20 A股	个人	新进

2017-03-31较上个报告期退出前十大流通股东有

股东名称	持股数	占流通股比(%)	股东性质	增减情况
邵智晓	1618.12	0.85 A股	个人	退出
邓启莉	1211.24	0.64 A股	个人	退出
洪宇明	764.72	0.40 A股	个人	退出
林起	750.00	0.40 A股	个人	退出
陈奕辉	710.99	0.37 A股	个人	退出

还是在0.52%以下的。所以，引用目前的股本结构数据也丝毫不会妨碍在此进行分析说明，在证金举牌之后，将上表的第一大股东换做证金公司，就和当时的大股东构成极其相似了。

大家一定想知道，为什么实力强大的证金公司会在2000多家上市公司中选中梅雁吉祥成为其第一大股东。其实，准确地说，并不是证金公司青睐梅雁吉祥，主要是其罕见的股本结构被动造成证金公司成为它的第一大股东。之所以这么讲，是因为当时救市资金达到惊人万亿之巨，国家队的买股策略是遍地撒网，总计买入了1000多只股票，占当时股票总数的50%左右，在这种情况下，被国家队的救市资金选中的概率也达到了50%左右。不过，救市资金通常是不会成为大股东

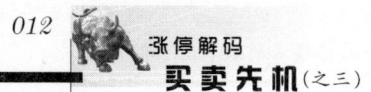

的,因为,一般通过举牌成为大股东,要么是看好公司发展潜力想要控制公司的经营权,要么就是想通过这一行为的短期炒作获取高收益,梅雁吉祥长期业绩较差,自然不可能有公司真正看好,而当时国家队也只是为了通过大量的买入行为传递出政府大力支持股市的决心和实力。

顺便说一下,当时救市时国家队就承诺短期是不会减持持有的股票的,也不存在证金公司通过举牌某一只股票来谋取短期暴利的可能,在这种情况下,成为第一大股东往往就一种可能,那就是证金公司不小心买了该股并成为大股东,依据公告中提到的证金公司持有983万股,按启动前的3.89元计算,那么,只需要动用3.89元/股×983万股=3823万元就可以成为第一大股东了,3000多万元,这对于拥有万亿资金的国家队根本不算什么。根据之后公布的救市清单数据,国家队耗资1.23万亿元买入了1365只股票,那么,平均每一家上市公司投入的资金至少为1.23万亿元÷1365=9.01亿元,而证金只在梅雁吉祥投入了不到4000万元,却成为了第一大股东,出现这样的局面完全是由于梅雁吉祥独一无二的股本结构导致的。

梅雁吉祥长期处于股权分散的状态,而且分散化越来越严重。前几大股东长期都处于仅持有0.5%左右的极低水平,这种股权结构在股市中可以说是独一无二的,这也是该股不时受到各路资金举牌和炒作的独特优势。而梅雁吉祥股权分散的主要原因和公司经营业绩不断下滑有关,公司2013年净利润为2581万元,2014年净利润为−5452万元,这也是梅雁吉祥一直无新主的根本原因,同时,18.98亿股的总股本也让公司无法轻易被借壳。而这也是梅雁吉祥半年内第五次更换大股东,以及证金公司仅用几千万就成为第一大股东,以及之后多次被其他机构举牌导致股价反复表现的根本原因。

通过上面的详细分析，投资者一定记住了具备类似股本结构的公司。其实，只要你懂得如何解读特定环境下的一些题材，懂得独特的选股逻辑和题材炒作之间的关系，那么，完全可以从梅雁吉祥这次重大利好公告中发现重大投资机会，因为在梅雁吉祥最早的两个一字涨停之后，就有足够多的机会来买入。

> 【要点提示】连续大涨飙升行情的出现，往往需要同时具备两个条件：一是有利的大盘环境，二是强大的题材，缺乏其中任何一个条件，要么就是题材根本炒作不起来，要么就是上涨的力度极其有限。
>
> 其实，很多时候仅仅留意个股的技术走势是有很大局限性的，只有适当结合基本面的分析，才能把握更多更大的投资机会。

1.4 行业属性

上市公司属于什么行业，对于投资者的决策具有十分重要的作用。这里讲的行业属性，既包括依据上市公司主营业务范围而划分的正规行业分类，也包括主营业务不属于该行业，只是在不同程度上参股该行业的股票，也就是通常所说的概念股。在A股市场中，很多事情并不像一般人想象的那样，比如，投资者可能会认为由于某只个股的主营业务是目前的热门行业，还是行业龙头，那么，该股的表现就应该强于少量参股该热门行业的个股，其实不然，相反大量概念股的走势要远远强于同样主营业务的绩优股。原因很简单，该行业龙头股大都是流通盘较大的绩优股，它们的业绩较为稳定，缺乏想象空间，而且，这些较为优良的个股往往会被大量信奉价值投资的机构大量持有，要是市场投资者对该股进行强力炒作，导致短期股价涨幅较大，就会遭遇机构的大量抛售，因此，这类股票一般不容易出现短期暴涨行情，更多的是出现中长期震荡缓慢攀升的走势。

而一些其他行业的个股，会因为旗下有一定当前热门行业的业务，或是参股收购有热门行业业务的公司，这样就很容易受到短线资金的爆炒，之所以会这样，主要是因为这些题材股往往业绩较差，很少有大机构持有。尽管这类股票的市盈率较高，几百倍、上千倍，甚至很多还是亏损的，但是这丝毫不妨碍投资者的炒作热情。这也是炒作题材股的一般规律。

当然，股市中同样也有很多炒作某些特定行业的机会，而这类题材炒作往往就是需要在主营业务与当前热门题材联系最紧密的上市公司来进行了。比如，在2015年的"一带一路"超级大行情中，各种港口、高铁、基建类的个股纷纷大涨，越是主营业务突出的个股，就越容易受到投资者的追捧，中国中车是国内高铁整车制造的绝对龙头，因此，在不到一年的时间里，股价翻了10倍左右；再比如，在2013年市场爆炒游戏板块行情时，中青宝和掌趣科技同样上涨了10倍左右，可见，在大行情到来时，选对个股至关重要。具体是选择主营业务突出的股票，还是选择相关的概念股，主要依据该题材在第一波启动行情中哪一类的个股表现最强来确定。

市场中比较容易受到追捧的行业，总体上呈现如下几个特点：

一是和最近市场炒作热点有密切关联的行业个股。比如，在2017年4月炒作雄安新区概念的第一轮行情期间，刚上市的新股大多数均是在连续一字涨停被打开之后就进入持续大跌阶段，但是，中持股份

(603903)却在一字涨停打开之后仅调整1天,就走出了连续5个涨停的疯狂行情,其原因就是该股属于北京的环保股,而雄安新区行情中京津冀地区的环保股刚好是一个很重要的炒作热点。

二是新兴的高科技行业更容易受到投资者的青睐。新兴行业处于发展初期,投资者往往对其未来发展抱有乐观的预期,尤其是高科技新兴行业,更容易受到市场的关注和热炒。比如,随着科技的高度发展,机器人在越来越多的领域替代普通员工将是大势所趋,所以,以机器人相关行业为首的人工智能行业必然是未来很长一段时期内最值得关注的。再比如,随着现代人与网络的联系越来越紧密,以及信息技术的深入发展,大数据行业也将有很好的发展前景。

三是受政府大力扶持的行业。国民经济中存在种类繁多的行业,但是,不同行业的发展状况与政府的态度密切相关。比如,政府长期对环境污染严重的行业采取限制措施,而对于新能源、电动汽车等这些绿色环保的行业采取积极鼓励的态度。政府大力支持的行业,通常代表了较为先进的运行模式,或是长期的发展方向,在这种行业里的公司往往也会随市场的不断壮大而一起成长,即便是在发展较为艰难的初期,也远比那些受政府限制发展行业的上市公司更容易得到政府的各种补贴、科研专项拨款、企业贷款等,以及在许多政府招标项目中胜出,即便遭遇暂时困难时,也更容易得到政府的扶持与帮助。

下面举一个实例来说明选择良好行业属性对于投资的重要性。图1—3为通合科技(300491)2016年1月～2017年1月的日线图。

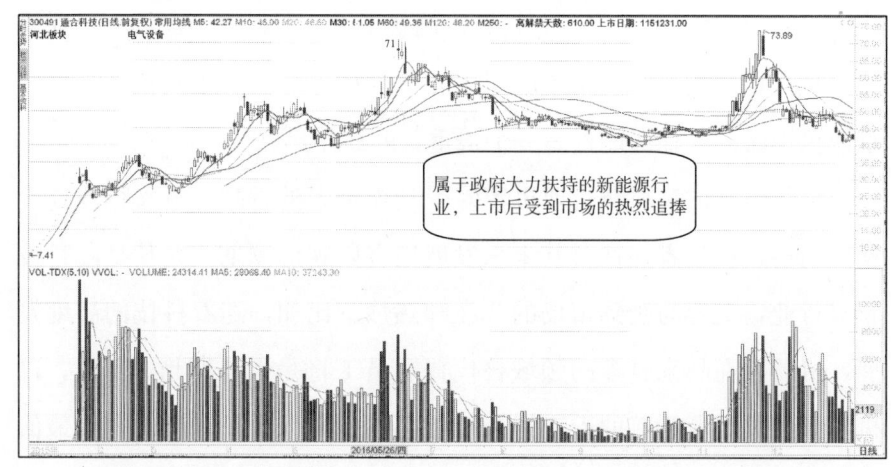

图1-3 通合科技2016年1月～2017年1月的日线图

如图所示,通合科技从上市时的最低价7.41元,在半年不到的时间内,股价就上涨到71元的高位,涨幅达到了惊人的8.5倍!为什么该股会出现如此疯狂的走势?该股公司概况中的经营范围显示:"新能源电动汽车充电电源(充电桩)及配套设备、新能源电动汽车车载电源、新能源电动汽车电机控制器及配套设备……"可见该股属于受政府长期大力扶持的新能源行业,而且在上市之初该股仅2000万的流通股也非常便于市场炒作。

不同行业的平均增长速度有很大的不同,发展前景良好的行业市场需求旺盛,产品供不应求,公司的业绩自然就容易出现持续较大幅度的增长。比如,前几年智能手机迅速发展阶段,以欧菲光为首的触摸屏上市公司的业绩普遍大幅增长,欧菲光在2011～2014年期间,净利润从2071万元暴增到7.22亿元,当然,任何行业业绩的好坏都有发展时间周期的局限性,过度繁荣导致新增产能急剧增加,加上市场逐步饱和,也必然会陷入低迷阶段,欧菲光在2015年净利润就大幅减少了33%。

➡【要点提示】为了保持最后一天的价格和当前股价一致，以及保证K线图的连续性，以便对走势图进行分析，在笔者的所有著作中，只要没有特别说明，所有K线图均是在前复权的状态下来进行的。

由于投资者普遍看好，大量行业属性良好的刚上市的新股在打开涨停之后，股价就已经高得离谱，此时，投资者就不能轻易介入了，最好等到出现大幅暴跌之后再考虑为宜。

1.5 高送转潜力

高送转是指送红股或资本公积金转增股本比例较高的股票，一般以 10 送 10 及以上作为判定的标准。虽然上市公司高送转主要涉及股本数量变化，在不考虑除权日股价市场波动的前提下，投资者所持有的股票市值在高送转除权日的临界点不会发生任何变化。想想看，高送转之前是每股 100 元，10 送 10 之后，虽然投资者得到了多一倍的股票，但是，除权之后股价也会相应降低一半，实际上投资者的市值不会因为单纯的高送转增长一分钱，即使是股价大幅上涨带来了市值的增长，也是市场喜欢炒作这类高送转题材的投机行为所导致的。

但高送转之后股价会明显降低很多，这样股票的流动性和活跃度往往更佳，尤其是对于之前股价较高的个股更是如此。比如，某只个股之前是每股 150 元，在 10 送 20 的高送转除权之后就变成了每股 50 元，之前一些投资资金较少的股民可能望而生畏，但是，高送转除权之后股价变低，就可以买了。这样通过高送转将股价降低，个股的流动性通常就会提高。当然了，高送转股票往往在公布分配方案之后就开始炒作了。

要清楚为什么市场中会形成喜好炒作高送转概念的风气，就必须对各种分配方式的一些法律规定，以及采取何种分配方案对上市公司更有利有一个清醒的认识。在市场环境较好的情况下，一旦公司公布了高送转预案，该股往往就会开盘涨停，甚至是连续涨停，要想提前捕捉到可能推出高送转方案的个股，就应该选择具备高送转潜力较大的个股来布局。

所谓高送转潜力，主要就是指个股在具备何种特性时，未来上市公司推出高送转分配方案的概率才更大。笔者根据几年来的A股数据对高送转股票的特征进行统计分析，发现高送转股票大多具有每股资本公积金高、绝对股价高、总股本小、上市时间短等特征。由于具备这些特性的个股绝大多数出自创业板或中小板，而且，往往还是上市不久的次新股，因此，对于投资者来说，筛选的范围也就大大缩小了。下面就对各种主要特性加以解释说明：

1. 资本公积金越高，或每股未分配利润越高，高送转的概率越大

在高送转的几个特征中，最重要也最基础的一个就是必须要有最起码的每股资本公积金水平。当然，具备了这一基本条件，并不代表上市公司就一定会推出高送转，但是连这一条都不具备，那么，可以推出高送转的概率就会大大降低。

根据《国家税务总局关于股份制企业转增股本和派发红股征免个人所得税的通知》的规定，用股票溢价形成的资本公积转增资本，不属于股息、红利性质的分配，对个人取得的转增资本数额，不作为个人所得，不征收个人所得税。这表明以资本公积金转增股本是不需要

缴税的，同用盈余公积金或未分配利润分配需要缴税相比，显然，这种分配方式无论对于上市公司还是对于其他投资者都是最有利的。

此外，还会发现一些上市公司从未有过送转的习惯，却在大股东解禁之后匆忙推出高送转，原因很简单，这样不仅可以配合大股东的减持，还可以规避巨额的税收。因为根据相关规定，对限售股转让取得的收入，将征收20%的个人所得税，这个纳税的限售股范围包括首次公开发行股票并上市的公司形成的限售股，以及上市首日至解禁日期间由上述股份滋生的送、转股。而在解禁之后的送转股票，原始股东所获的转增股票将不算限售股，也就不必征收20%的所得税。公司此时推出高送转方案有两大好处：一是提振股价，使得限售股股东减持时获利更多；二是合理避税。

说到这里，有必要说一点题外话，明白了这些规则，对股市投资有很大的好处，不少投资者会单纯地将某些表面上看起来的利好武断地认为对股价是不利的，其实，凡事没有绝对，股市也不例外。就拿大股东解禁来说，在大多数情况下由于预期供应量大增的确易导致股价表现不佳，但是，大股东想要在解禁之后卖出较高的价格，往往就会推出一些有利的举措，比如高送转以刺激股价。再比如，在市场中短期表现最疯狂的，往往都是那些业绩很差的个股突然变更大股东，或是进行资产重组，以扭转不利的局面，这就是物极必反的道理。因此，凡事都要辩证地看待，不可过于僵化。

其实，选择何种方式进行分配对上市公司有很大影响，如果用未分配利润送股的话，意味着上市公司必须要有未分配利润，但用资本公积金转增股本对利润、业绩没有要求，而绝大多数上市公司是不愿意将未分配利润分配给股民的，它们更愿意将未分配利润长期继续留在上市公司来维持公司的日常运营和发展。采取以资本公积金转增股票，既可以达到将利润继续留在上市公司，或是合法地避税，或是在较高位置解禁套现，又可以迎合投资者习惯上市公司推出高送转方案的普遍喜好，这种两全其美的事何乐不为呢？通常只要是每股公积金较为充足，上市公司往往会优先采用资本公积金转增的方式进行分配。而且，一些业绩很差甚至是亏损的股票，只要具备一定的资本公积金也一样推出了高送转分配方案，其实就是这个原因。

简单地讲，若是要想推出每10股转增10股的预案，上市公司就至少要具备每股资本公积金达到1元的水平。当然，每股资本公积金越高越好，因为这意味着该公司理论上最大分配的比例相应更高。据不完全统计，实施高送转股票中，前一年第三季报每股资本公积金高于3元的占比达70%左右。2010~2014年除了2013年以外，其他年度第三季报每股资本公积金大于10元的上市公司高送转概率均超过50%，每股资本公积金高于8元的上市公司高送转概率也达30%以上。

2. 公司上市时间越短，高送转概率越大

上市时间越短的公司实施高送转概率越大。整体而言，每年实施高送转股票中次新股占有很大比重。根据统计，上市时间少于两年的上市公司中，进行高送转的比例明显高于上市时间长于两年的上市公司。以2014年报告期为例，2013~2014年上市的股票中进行高送转的比例超过三分之一，而上市时间超过5年的股票进行高送转的比例不足5%。

3. 股价越高，高送转概率越大

一般而言，股价越高进行高送转的概率越大。根据往年数据，高送转股大多高于30元。以2014年报告期为例，股价高于50元的股票进行高送转的占比达到44%，股价高于30元的股票进行高送转的占比也达到38%。

4. 当年业绩增长幅度越高，高送转的概率越大

这一点很好理解，实施大比例分配的理由就是上市公司当年的业绩获得了高速增长，在这种情况下分红回馈广大投资者是顺理成章的事。但在现实中，过多依据这一点去选择高送转潜力股，远没有将重点集中在资本公积金高、上市时间短、绝对股价高上更有效。在股市中，经常看到大量业绩增长很一般，甚至还出现业绩下滑的公司频频推出高送转方案。将这一条列出来的目的在于前面三条都满足了，再加上这一条自然会更好，至少少了一些政策风险，因为有时候管理层为了调控过度的投机，会对业绩不佳但是还推出高送转方案的上市公司进行质询，那么，有的上市公司迫于压力是有可能变更分配预案的。就像在 2017 年史上少有的高层点名痛批 10 转（送）30 这种不正常现象不久，绝大多数之前预备实施 10 转（送）30 的上市公司都纷纷大幅下调了送转股的比例，普遍降到了 10 转（送）10 左右的水平。

5. 总股本越小，高送转概率越大

上市公司总股本越小越有实施高送转的可能。根据统计，2010～2014 年间每年总股本小于 1 亿股的上市公司进行高送转的比例均达四分之一。以 2014 年报告期为例，总股本小于 1 亿的股票中高送转比例达到了三分之一，而随着总股本增加，上市公司进行高送转的概率也逐渐降低。创业板和中小板大量的流通盘是在 1000 万～5000 万之间，少数在 1 亿左右。高送转更容易出现在流通盘处于 1000 万～5000 万这个范围，在此范围内与高送转的推出的概率之间基本上差异不大，当然，流通盘还是越小越好，在其他条件相当的情况下，1000 万的股票的股本持续扩张能力当然要比 5000 万的强。由于创业板和中小板上市不久的股票的流通股普遍较小，所以，这一项的重要性就放在较靠后的位置。

◆【要点提示】以上五大特征的重要程度基本上是按照先后顺序排列的，不过，由于以上主要都是针对流通股本和总股票均较小，而且高送转比例最高的创业板和中小板个股而言的。若是要判断流通盘较大的主板上市公司，就应该将总股本越小高送转概率越大放在最重要的参考位置。因为，历史数据显示，流通盘过大的股票推出高送转的可能性远远低于流通盘较小的个股，而大量业绩增长较好的绩优股又会选现金分红的方式。所以，投资者还是要将更多精力放在研究创业板和中小板上，毕竟在任何时候去追求大概率事件显然更容易成功。

下面结合实例更加具体地说明如何选择高送转潜力股。图1-4为新易盛（300502）2016年3月～2017年2月的日线图。

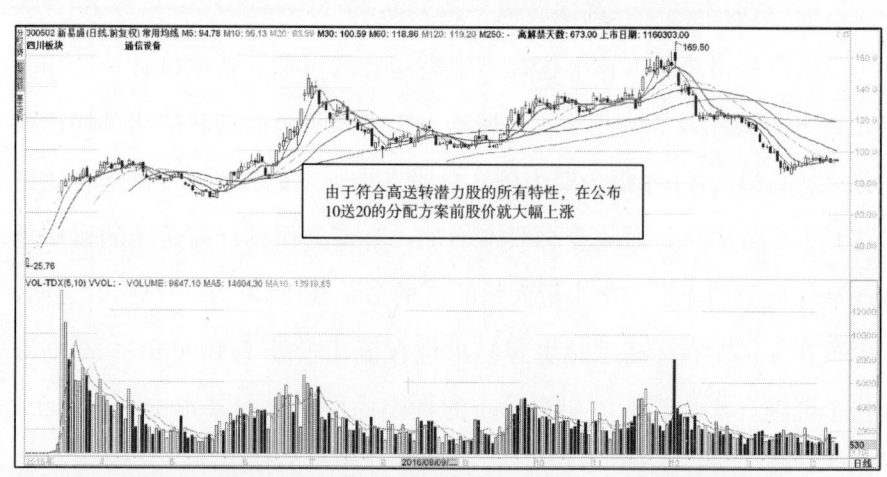

图1-4 新易盛2016年3月～2017年2月的日线图

新易盛从上市时最低25.76元，在不到一年的时间内上涨到最高169.5元，涨幅高达5.57倍，要知道同期大盘指数最高也仅上涨了

20%左右，该股表现之所以如此抢眼，和该股具有极强的高送转潜力有密切的关系。下面再来看看该股和高送转潜力有关的几项财务数据。

表1-2 新易盛基本资料数据

☆财务分析☆ ◇300502 新易盛 更新日期：2017-04-24◇ 港澳资讯 灵通V7.0
★本栏包括【1.财务指标】【2.报表摘要】【3.异动科目】【4.环比分析】★

【1.财务指标】
【主要财务指标】

财务指标	2017-03-31	2016-12-31	2015-12-31	2014-12-31
审计意见	未经审计	标准无保留意见	标准无保留意见	标准无保留意见
净利润(万元)	2987.64	10528.68	9445.03	9239.85
净利润增长率(%)	39.0968	11.4732	2.2206	16.4314
营业总收入(万元)	19153.57	71393.17	61511.96	52263.43
营业总收入增长率(%)	30.9010	16.0639	17.6960	13.3576
加权净资产收益率(%)	2.9600	12.3600	19.7400	24.0000
资产负债比率(%)	17.7341	16.8529	23.5890	22.7606
净利润现金含量(%)	-144.4231	5.9983	34.5934	61.9210
基本每股收益(元)	0.3900	1.4500	1.6200	1.5900
每股收益-扣除(元)	-	1.3200	-	1.5300
每股收益-摊薄(元)	0.3850	1.3568	1.6229	1.5876
每股资本公积金(元)	5.8834	5.8834	1.9145	1.9145
每股未分配利润(元)	5.7238	5.3388	5.4834	4.0344
每股净资产(元)	13.2142	12.8300	9.0328	7.4100
每股经营现金流量(元)	-0.5560	0.0814	0.5614	0.9800
经营活动现金净流量增长率(%)	-207.3(L)	-80.6712	-42.8924	113.9437

表1-2为新易盛基本资料数据，从中可以看到需要关注的几项，即每股资本公积金5.88元，每股未分配利润5.72元，以及当年利润增长率为11.47元，可见新易盛的高送转能力是极强的，每股公积金和每股未分配利润合计达到11.6元。目前上市公司最高的转股或是送股比例是10转（送）30，也就是说，只要达到每股资本公积金在3元

以上，那么，至少对于当年的高送转分配区别就不大了，更大的区别在后续几年，这些数值更高的公司在第一年高送转之后，依然还有连续多年进行高送转分配的能力。前面讲过投资者应该更多关注每股资本公积金较高这一点，因为用每股未分配利润分配是要缴税的，绝大多数上市公司在有足够的资本公积金的情况下，是不会采取用未分配利润来分配的。比如，一家公司的每股资本公积金是4元，每股未分配利润是1元，而另一家公司的每股资本公积金是1元，每股未分配利润是6元，毫无疑问，投资者首先应该关注前者。当然，像新易盛这样两项数据都很高的那就再好不过了。

从上表中可以看到，新易盛2016年相对于前一年的净利润增长率为11.47%，这一增速在创业板中可以说是很平常的，但是，这丝毫不妨碍该公司推出的每10股送20股的高送转预案。这就是为什么笔者在前面讲到过对于流通盘普遍偏小的创业板来说，业绩增长的幅度大小对于判断是否可能推出高送转预案没有必然联系。

再看看其他几项需要关注的特性，新易盛在上市时流通盘是1940万，这在创业板中也是属于较小的，在该股上市之后的连续一字涨停被打开时，股价较长时间处于90元左右，说明股价较高。该股是2016年3月上市的，距离2016年年底进行利润分配的时间仅半年，可见，新易盛的所有条件都符合高送转潜力股的5大特性，那么，该股在公司公布高送转前就出现了翻倍的大行情也就不足为奇了，因为投资者就是在炒作高送转的预期。

需要特别说明的是，由于在2017年初证监会主席专门对10送30这种A股特有的高送转现象，尤其是送转比例不断增长，而不愿意采取现金分红的做法严厉痛批，加上2016年推出高送转预案的公司太多，失去了稀缺性的价值，大量的高送转股票在公布了预案之后反而出现大幅下跌的走势，新易盛也不能幸免。其实，在该股推出高送转预案之前，由于涨幅过大，加上高送转板块的走势普遍不佳就转入下跌了。不过，这也更加说明了提前捕捉具备高送转潜力个股的重要性。

> ➲【要点提示】上面讲述的股价越高高送转的概率越大，主要是针对处于类似市盈率水平的个股，以及股价没有出现过分大涨的情况而言的，绝不包括那些上市不久股价就已经大幅炒作到高位的情况，相反，这种情况下，即使真的推出高送转预案，股价也很难再出现较好的走势，介入这类个股的风险是极大的。

1.6 价格优势

价格优势是指股价处于明显较低位置的个股，这里的股价低仅指股票的绝对价格较低，而不是价值投资中的价值低估，相反，有的价格很低的个股，也可能估值高得离谱。比如：一只 3 元的低价股的每股收益为 0.02 元，市盈率就是 150 倍，而另一只价格为 200 元的高价股的每股收益为 8 元，该股的市盈率仅为 25 倍，可见，要是依据价值投资的标准，3 元的股票估值依然高得离谱。

不过，在本节中只是针对趋势投资来讲的，因此，只要绝对股价很低，不管它的市盈率是 80 倍还是 200 倍，都无关紧要。因为，投资者只是瞅准时机短线炒作一把，公司业绩好坏与否自然就没有那么重要了。

判断个股是否具有价格优势,应根据流通盘的大小分别设定标准,流通盘在10亿以下的次新股,一般股价在12元以下的,以及流通盘在5000万以下,一般股价在20元以下的,往往就可以列在具有价格优势的范畴了。这些个股通常具有以下特点:1. 流通盘不会太小,对于次新股而言,至少在1亿以上;2. 个股的行业属性一般,甚至是很不景气的行业;3. 个股的业绩往往较差。

绝对价格低的个股往往更容易受到投资者的追捧,这的确是一种令人费解的现象。但是,由于国内股市还处于不成熟的阶段,法律环境、监管水平和力度,以及投资者素质等各个方面都不尽如人意,导致各种不理性的现象大量存在,而且,这些都不是可以在短期内彻底改变的。投资者只要知道市场的喜好,然后学习和适应就可以了。

下面就来看一个实例,图1-5为白银有色(601212)2017年2月~4月的日线图。

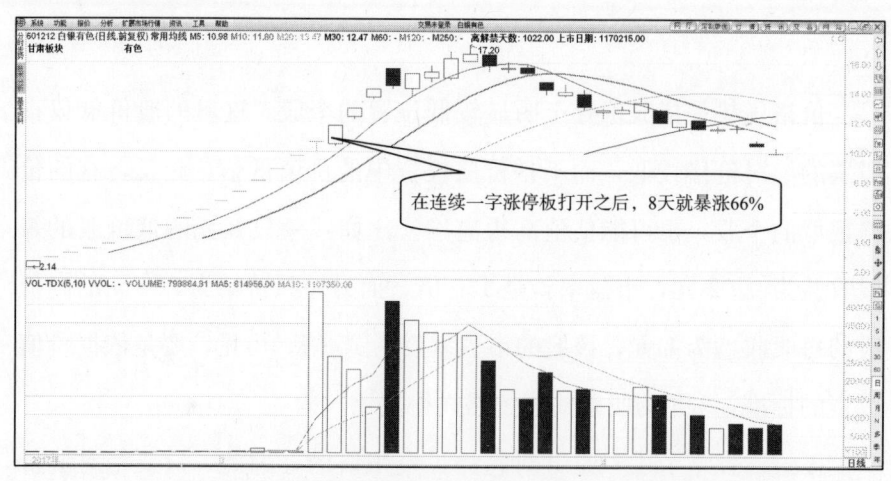

图1-5　白银有色2017年2月~4月的日线图

白银有色是2017年上市的新股,该股2014年和2015年的每股收益分别为0.019元和0.018元,属于有色金属行业,主营业务为铜、铅、锌、金、银等多种有色金属的采选、冶炼、加工及贸易。上市时的流通盘为6.89亿股，可见，该股业绩极差，行业很一般，流通盘在上市新股中明显较大，可以说样样都不理想，也正因为如此，该股的发行价只有1.78元，这在新股发行中是极其罕见的。大多数投资者可能会认为这只股票根本不值得关注，但是，白银有色在第一次涨停被打开时的最低价为10.01元，在随后的8个交易日就大涨到了17.2元，涨幅高达66%，为什么这种股票反而会走出很不错的行情呢？其实，该股1.78元的超低发行价，直接导致该股极可能在连续一字涨停板打开后就受到市场的爆炒，因为市场向来都有炒作新股和低价股的风气，而该股集这两大特点于一身，被投资者炒作再正常不过了。不过，由于该股流通盘为6.98亿，总股本却高达69.7亿，这样的股本结构，相信也就是在大量限售股没有解禁前还有一定的机会，若大量限售股解禁该股就没有什么优势可言了。

➡【要点提示】对于发行价超低的新股，在其上市之后投资者应该密切关注，因为这种股票的机会要比一般的股票大很多，当然前提是在第一次一字涨停被打开时，股价不能被炒作得太高，否则，就失去了价格优势。

第 2 章
价值投资的分析重点

投资的方式大体可分为趋势投资和价值投资两大种类。趋势投资是以K线图、技术指标、当天实时走势中的诸如成交量、分时走势、量比、换手率等为主要买卖依据的投资方式。通常买卖周期很短，当然也有的时间较长，只要趋势没走坏，就一直持有。价值投资是以公司是否具有投资价值来作为买卖依据的投资方式，一般周期都很长，短则一两年，长则十几年甚至几十年。

在目前还不成熟的特殊环境下，笔者认为普通投资者应进行趋势投资，但在适当的时候若是可以将基本面分析和技术分析结合起来运用效果往往会更好，这种兼顾两大投资方式的策略，只要运用得当，要比单纯采取趋势投资或是价值投资具有更大的优势。比如，若投资者持有的是估值很低、技术走势良好的个股，是不是就比持有估值偏高、但是技术走势还不错的个股心里更加踏实？道理很简单，前者即使短期出现较大幅度的下跌，投资者不马上出局也没有太大问题，而后者一旦出现大跌，绝大多数的投资者心里都会极度恐慌。为更好地进行投资，笔者将进行价值投资需要关注的重点归纳出来并逐一简要说明。

2.1 估值水平研究

既然是价值投资分析，那么，估值水平的高低显然就是投资者首先需要关注的重点。其实，若是静态地看待估值水平高低本身就有较大的问题，不管是考虑公司PE（市盈率）的高低或者PB（市净率）的高低都无法解决这个问题。这就形成了一个悖论，单纯地依据过去的数据分析，无法对股价应该处于怎样的水平给出较为准确的结论；而重点留意企业未来的盈利能力，又存在很大的不确定性。

买股票其实更多还是在买未来、买预期，而不是买已经被大家都了解的过去。因此，估值高低必须建立在投资者对企业盈利或者现金流有一定判断的基础上才行。一家一年赚10个亿的企业，5倍PE，这估值是高还是低？估计这样的问题是无法回答的，因为有可能几年以后这家企业会大幅亏损。再比如，若是一家企业目前一年可以赚1000万，60倍的PE，这估值似乎又太高了些，但是，若是这家企业第二年开始每年可以赚8000万，这样的估值难道还高吗？

按照PB估值也是如此，一家企业0.4倍PB，但是未来已经无法再赚到钱，另外一家企业4倍PB，但是每年40%ROE（净资产收益率），相比之下，哪家企业更好呢？因此，企业的估值必须依靠你对未来企业盈利或者现金流的判断才能得出结论。

在美国50年来入选过财富100强的共500家公司中，这些公司的盈利能力普遍都很强，而且其中所谓稳定增长的公司也很多，分析以后发现，87%的公司都曾经遭遇过增长停滞，仅有13%的公司能实现持续增长。这些遭遇增长停滞的公司里有54%在未来10年的增速是低于 2% 的，这里面有三分之二的公司彻底消失（被收购、破产或者下市），在遭遇增长停滞的公司里仅仅有 12.6% 的公司能重新获得显著的增长。在停滞点出现之后十年内（对比谷底）这些公司市值损失值接近 75%。所以，我们要找的是那 13% 持续增长的公司和 12.6% 遭遇停滞后能重新恢复的公司，这样的公司合计也就占 500 家公司的约 24%。

在以上理念的指导下，我们参考一下过去的经验，一家每年 15% ROE 的公司，究竟应该给予怎样的估值才是合理的，其实这主要取决于你希望的回报是多少。由于 POE=PB/PE，如果你希望年回报率是 30%，那么你只能在它 0.5 倍 PB 的时候买入，对应 3.33 倍 PE；如果你希望 15% 的年回报率，那么你可以 1 倍 PB 买入，对应 6.66 倍 PE。

从投资者预期回报、企业盈利能力或企业资产价值等的不同角度，比较常用的估值方法主要有以下几种：

1. 最为投资者广泛应用的盈利标准比率是市盈率（PE），其公式为市盈率＝股价/每股收益。如股价为 100 元，每股收益为 2 元，那么，市盈率就是 50 倍。在其他条件相同的情况下，市盈率越低越好。通俗地说，就是股价是收益的多少倍，投资这只股票多少年可以收回成本。市盈率计算简单，数据采集容易，每天经济类报纸上均有相关资料，被称为历史市盈率或静态市盈率。为更准确地反映股票价格未来的趋势，应使用预期市盈率，即在公式中代入预期收益。

评价市盈率的高低还需要注意市值的情况。通常市值越大市盈率相对行业整体市盈率就越低，这是因为小市值公司故事题材多，且市值小增长的空间才会大，自然成长性就好，我们叫作成长性溢价。市值大的公司本身在行业就具有龙头地位，成长的空间小，除非形成垄断，自然预期的市盈率要低。

2. 股息基准模式，就是以股息率为标准评估股票价值，对希望从投资中获得现金流量收益的投资者特别有用。可使用简化后的计算公式：股票价格＝预期来年股息/投资者要求的回报率。例如：公司今年预期股息2元，投资者希望资本年回报率为5%，其他因素不变的情况下，目标价应为40元。

3. 市净率，其公式为市净率＝股价/每股资产净值。比如目前股价为10元，每股净资产为2元，那么，市净率就是5倍。此比率是从公司资产价值的角度去估计公司股票价格的基础，对于银行和保险公司这类资产负债多由货币资产所构成的企业股票的估值，以市净率去分析较适宜。市净率越低越好，而比值1是一个分水岭，市净率小于1相当于用比公司资产还要低的价格来低价收购公司了，但凡事无绝对，不一定市净率小于1的就是好股票，还要考察公司未来几年的业绩增长潜力情况。

4. PEG指标，就是市盈率相对每股盈利增长率的比率，是用上市公司的市盈率（PE）除以公司至少未来3年的年复合增长速度。这种方法往往适用于那些预期未来可能持续保持较高增速的成长性企业。比如：一只股票当前的市盈率为20倍，其未来5年的预期每股收益复合增长率为20%，那么这只股票的PEG＝20/20＝1。当PEG等于1时，表明市场赋予这只股票的估值可以充分反映其未来业绩的成长性。由于PEG需要对未来至少3年的业绩增长情况作出判断，而不能只用未来12个月的盈利预测，因此大大增加了准确判断的难度。要准确估算PEG指标，主要应以行业的景气度、公司披露的财报，以及观察前3年复合增长是不是稳步上升作为依据。

除了最常用的这几个估值标准外，还有现金折现比率、股本回报率或资产回报率等估值法。其实，每一种估值方法都有其合理的一面，

关键就看是否能把握方法的精髓来灵活运用。

分析上市公司有没有价值，一般可以从三个方面来把握：一是看创造利润的能力，二是看创造利润的效率，三是看创造利润的资本。如果你投资的上市公司有本钱、有能力、有效率，它的股票自然会涨，如果钱赚得快，股价还低，就能带来快速上涨；如果利润来得慢，股价涨得太快太多，就会下跌，股价就需要停下来等待与企业的增长速度趋于一致。价格与价值，就是这样在实际交易中反复波动，认清这一本质，虽不能够抓住每次赚钱机会，但至少不会盲目追高，继而成为高位站岗者。

以上分别介绍了市盈率、净资产收益率、市净率等的概念和背后的含义，以及作为股票估值法所起到的参考作用。如果能将这几个指标结合起来使用，就可以更好地判断股票是否具备投资价值，以及是否具有较高的安全边际。三者指标越好，个股的安全性越高，潜力越大。当然，并不是说符合这个条件的股票就是好股票，买入就一定能涨，因为这些指标反映的是过去的东西，过去不代表未来，只是我们把过去的常态作为未来判断的一种参考，在没有遇到重大变故之前，假定原先的状态还可以继续延续。

不过，在不同的投资环境下，尤其是针对那些新兴产业和创新模式的公司，无论你用任何方式去衡量，都难以给出合理的解释。比如：电商巨头亚马逊在2015年10月22日发布了2015年第三季度财报，财报显示，第三季度净营收为254亿美元，同比增长23%；净利润为7900万美元，较上年同期净亏损4.37亿美元，实现扭亏，为连续第二个季度实现盈利。要知道亚马逊自1995年创立起基本上一直处于亏损状态，但其股价却一直居高不下。若是这样的公司出现在A股市场会怎样呢？毫无疑问，可能早就消失得无影无踪了，因为按照规定，上市公司连续 3 年亏损，就可能被退市，又怎么可能容忍一家公司连续 20 年的亏损呢？

> 【要点提示】本节介绍的市盈率、股息基准模式、市净率和 PEG 指标这四种较为常见的估值方法，其中有三项都和企业的利润相关，可见盈利对于一家公司的估值极其重要。
>
> 但是，有时候单纯观察利润的高低具有很大的片面性，比如，当前利润主要是由不可持续的一次性收益所贡献，那么，你要是按照正常的估值方法去估值显然就有问题了。因此，有必要对利润的构成做一个系统的分析。

2.2 分析财务报表的重点注意事项

对于非财会专业的投资者来说，由于自身的专业知识储备不够，再加上实践经验的欠缺，因而很难对一家上市公司的财务状况进行准确分析。但是，投资者可以通过把握股市最基本的方面，再结合该股的技术走势，采取基本面和技术面相结合的方法进行选股，就可以很好地弥补专业知识的不足，同时也可以更好地规避风险。投资者在分析上市公司的财务情况时应重点注意以下几个问题：

1. 财务分析首先应从三张表入手，即利润表、现金流表和资产负债表，这将在后面的章节中详细论述。对于普通中小散户来说，财务报表中那些过于庞大的信息量和专业术语往往让人无所适从。不过，

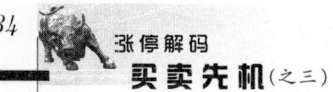

只要掌握一些最基础和实用的方法，抓住重点，大体把握上市公司的经营状况还是有可能的。

2. 现金流是判断企业好坏的一个关键性指标，重点分析现金转换周期。一般来说，处于快速成长阶段的企业，因为资本的前期投入很大，自由现金流都不太好。另外，有些长周期的行业，现金流计算时要特别注意截取的时间段。

3. 财务指标原则上讲是没有绝对的好与坏，具体问题要具体分析。比如，企业贷款较多，你能简单认为一定是坏事吗？又比如，负债率过高的公司虽然意味着偿债能力弱，资金链容易出问题，但如果付息前的回报率大过贷款利率，那么负债越多，往往越能提高股东们的利润，财务杠杆就是有利的。

4. 营改增之后，增值税只对增值金额征税，没有增值不用缴税。这对那些采购成本占比比较大的企业有利。具体对一个企业来说，营改增是否划算，主要从增值率和产业链综合来考虑。

5. 一般而言，上市公司定期会在报告中披露资产负债表、利润表和现金流量表三张主表。如果上市公司拥有能够控制的子孙公司，还将披露合并资产负债表、合并损益表和合并现金流量表。由于合并财务报表反映了上市公司及所控制企业的整体情况，因此应该更多地侧重于使用合并财务报表。

> 【要点提示】虽然不主张普通投资者采用纯粹的价值投资，但是，将基本面分析和技术分析相结合的方式，往往比单纯的技术分析具有更大的优势。
>
> 但当基本面和技术面发生矛盾时，应该以技术面为依据。因为基本面究竟发生了怎样的变化，等到普通投资者都清楚时，通常股

价早就提前作出了反映,具有严重的滞后性。而重点依据技术分析就不同,对于普通投资者来说显然具有更大的优势了,一方面反映较为及时,另一方面投资者也更容易把握。

2.3 快速解读三大财务报表

在利润表、现金流表和资产负债表这三大报表中,相信投资者首先关注的是利润表,原因很简单,因为上市公司当期产生了多少利润与股价的关联性最强,其他的比如资产状况、现金流量是否正常等,绝大多数普通投资者是很少关心的,也不懂如何从哪些报表中看出上市公司可能存在的风险或是潜力,这些对于普通投资者来说都太过专业了。因此,有必要了解一些快速解读财务报表的相关技巧。

2.3.1 利润表

利润表是反映企业在一定会计期间经营成果的报表。由于它反映的是某一期间的情况,所以,又被称为动态报表。有时,利润表也称为损益表、收益表。分析利润表投资者应该重点关注以下两点:

1. 毛利率:就是销售毛利润除销售收入。其中毛利是销售净收入与产品成本的差。销售毛利率计算公式:销售毛利率=(销售净收入-产品成本)/销售净收入×100%。毛利率的高低反映了企业产品销售的初始获利能力,是企业净利润的起点,没有足够高的毛利率便不能形成较大的盈利。影响毛利率高低的直接因素是产品成本和产品价格，产品成本取决于原材料价格和生产技术水平，产品价格取决于产品竞争力、区域供求关系、市场定价权等。因此，毛利率反映的是公司业务转化为利润的核心能力，通过公司原材料价格、生产技术水平、产品竞争力、供求关系、市场定价权等因素，直接反映公司的竞争力强弱。为什么贵州茅台自从上市以来的股价就持续上涨，看看该股的营业毛利率常年处于90以上的水平就不难理解了。

如果一个企业在毛利率很低的情况下有稳定的业绩，一旦价格上涨，利润的增加会非常明显。反过来，如果毛利率明显高于一般行业，但是企业的业绩长期稳定增长，通过这些数据反过来也可以推断出该企业很可能要么具备极强的核心技术实力或某些独特的竞争优势，要么就是处于垄断地位，具备较强定价权，而这些企业正是价值投资者最为青睐的。

2."三费"操纵：所谓"三费"，即销售费用、管理费用和财务费用（"三费"也可称为期间费用），从理论上来说，销售费用很难操纵，而管理费用最可操纵，管理费用中最可以操纵的就是"计提"。譬如：有的公司计提绿化费、福利费，有的公司计提坏账损失，有的公司计提资产减值准备，这一切都会列入管理费用。而这些计提，多数不影响缴税。这些都是一些上市公司隐瞒利润的手段。当然，如果反过来，也可以成为故意增加利润的手段。比方说，公司的资产减值，计提坏账了。但如果某段时间后这块资产突然值钱，公司冲回这笔计提费用，那当期利润也会大幅度增加。另外，折旧也是操纵利润的手法之一。

总之，三项费用变化无穷，一家好的企业一般会保持三项费用的相对稳定。正常的企业，三项费用与销售收入成正比，而且，期间费用与销售收入成正比变化并保持合理递增速度。企业在扩张的同时，三项费用没有同步增加，往往就是企业有效挖掘潜力、高效管理的结果，这样的企业更值得投资者关注。

2.3.2 资产负债表

资产负债表，也称为财务状况表，表示企业在一定日期（通常为各会计期末）的财务状况（即资产、负债和业主权益的状况）的主要会计报表。资产负债表利用会计平衡原则，将合乎会计原则的资产、负债、股东权益交易科目分为"资产"和"负债及股东权益"两大区块，可让阅读者于最短时间内了解企业经营状况。资产负债表就是关于资产与负债的表，它包括两大部分，第一部分是资产，第二部分是负债。其中，资产分流动资产和非流动资产，负债也分流动负债和非流动负债，在资产负债表中有五个指标需要关注。

1. 资产负债率：就是总负债除以总资产。通常情况下，企业的资产负债率不能过高，过高说明企业经营风格较为激进，虽然有可能为股东创造更大的价值，但是，产生风险的概率也随之增大。相反，资产负债率过低也不一定就很好，过低往往说明企业经营可能较为保守，这样想要创造超额收益的可能性也相对较小了。通常认为资产负债率在40%～60%之间是比较合适的，如果高于100%就要警惕了。当然，这也要根据企业的不同情况来确定，而且，不同行业的企业的资产负债率水平也相差很大，比如钢铁、建筑装饰和汽车整车行业的资产负债率往往达到了60%以上，而半导体及元件、计算机设备、生物制品和医疗器械服务行业的资产负债率通常较低，处于30%左右的水平。此外，一家企业的资产负债率要是明显高于同行，投资者也要格外小心了。

2. 净资产收益率：就是净利润与净资产的比率，它反映了一个企业运用净资产盈利的能力。净资产收益率必须大于银行贷款利率至少

20%以上才较好。不过,也应该关注总资产收益率(即净利润除以总资产的值)的状况,因为它能更准确地反映企业运用全部资产的能力。如果净资产收益率超过银行同期贷款的利率,那么,举债对它就肯定是有利的。另外,有的企业负债率如果达到99%,它的净资产收益率很高,还有的企业净资产是负数,看这个指标就没有意义了,反而用总资产收益率去算比较可靠。而且净资产收益率一定要和该公司的历史同期比较,并且和同行业公司比较,这样才能比较准确地反映其在该市场内部的行业地位、竞争实力和管理运作水平。

3. 流动比率和速动比率:流动比率就是流动资产除以流动负债,它反映了一个企业资产的安全性,这个比率不应该低于1,这样才能保证有足够的能力应付短期负债。速动比率就是流动资产减去存货之后再除以流动负债,速动比率一般也不能低于1。当然,这个指标要是从不同的角度进行分析,在企业资产的安全性和成长性上有时会有一定的矛盾,过于安全就意味成长性不够,所以银行等债权人比较喜欢这个指标偏大,而股东和上级主管部门或投资者比较喜欢这个指标偏小,这是利益取向的选择。

4. 应收账款周转率:它表示公司从获得应收账款的权利到收回款项、变成现金所需要的时间,一般用销售收入除以应收账款。公司的应收账款在流动资产中具有举足轻重的地位。公司的应收账款如能及时收回,公司的资金使用效率便能大幅提高。应收账款周转率就是反映公司应收账款周转速度的比率,它说明一定期间内公司应收账款转为现金的平均次数。用时间表示的应收账款周转速度为应收账款周转天数,也称平均应收账款回收期或平均收现期。一般情况下,应收账款周转率越高越好,周转率高,表明收账迅速、账龄较短,资产流动性强,短期偿债能力强,这样往往可以有效减少坏账损失。

5. 存货周转率：是企业一定时期销货成本与平均存货余额的比率。用于反映存货的周转速度，即存货的流动性及存货资金占用量是否合理，促使企业在保证生产经营连续性的同时，提高资金的使用效率，增强企业的短期偿债能力。一般来讲，存货周转速度越快，存货的占用水平越低，流动性越强，存货转换为现金、应收账款等的速度越快。存货周转率反映了企业销售效率和存货使用效率。在正常情况下，如果企业经营顺利，存货周转率越高，说明企业存货周转得越快，企业的销售能力越强，营运资金占用在存货上的金额也会越少。

2.3.3 现金流量表

现金流量表是财务报表的三个基本报告之一，所表达的是在一固定期间（通常是每月或每季）内，一家机构的现金（包含银行存款）的增减变动情形。现金流量表的出现，主要是要反映出资产负债表中各个项目对现金流量的影响，并根据其用途划分为经营、投资及融资三个活动分类。现金流量表可用于分析一家机构在短期内有没有足够现金去应付开销。

投资者要想从现金流量表中找出线索，有时候就需要将现金流量表和利润表结合起来看。如果利润表中的营业收入增加，但是从经营活动中收到的实际现金额却比以前低，说明公司的部分收入还挂在应收账款中，有坏账发生的可能，且存在虚增或使用非常手段期末突击销售的可能，这样下期收入就可能减少。

而要想知道一家公司是否在玩数字游戏，可以比较净利润的增长率和经营活动产生的现金流量净额的增长率。如果净利润的增长速度明显高出经营活动产生的现金流量净额的增长速度，而之前两个数据增长速度相似，这说明净利润的增长率实际上可能并没有那么高。

另外，支付给职工以及为职工支付的现金这个数字也有特别用途。我们可以用这个数字除以公司年报中披露的职工人数以大概估算出职工人均年收入，如果这个数字高出行业及地域平均水平，意味着公司质量可能就高。

看现金流量表，主要是弄清楚企业的利润是否真实，看它是否隐瞒了利润，以及是否有发展前景。现金流量表一般有三大项：经营活动现金流量、投资活动现金流量和筹资活动现金流量，简单地说，如果企业现金流量余额为正数，代表企业生产经营后的资金是流入企业的，说明企业经营状况较好。在三项中重点是要看经营活动现金流量是否为正，这是企业的根本。很多企业是总体的现金流量余额为正，但经营活动现金流量为负，靠的是投资活动现金流量和筹资活动现金流量为正数来弥补的结果，说明这个企业的经营管理能力较差或者市场生存能力较差。当然如果连现金流量余额最后都为负数，那就不太妙了。

此外，企业年度报表还提供了一个附项，就是把企业净利润与经营活动现金流量的差额列出来，大家可以在这个表里详细了解到企业的资产减值、计提坏账、资产折旧、存货变化、应收款项变化等项目对现金流入的影响。通过这个表，基本可以判断出企业的真实业绩来。报表附注往往能揭示出数据背后隐藏的情况，也包含很多可能影响到公司前景的风险和不确定的有价值的信息，因此投资者有理由对它们进行深入研究。

通常来说，公司会在报表附注中披露控股子公司及参股公司情况，投资者可对这些情况进行了解，并关注公司报表合并范围，借此判断公司母公司层面和子公司层面的质量。历史上一些臭名昭著的造假公司利用个别异地子公司进行业绩造假，如公司合并报表财务项目较异常,而利润主要来源于个别子公司,投资者则需谨慎决策。

另外,附注中还会对公司关联方及关联方交易进行较详细披露,投资者可以借此分析公司产供销体系和经营用固定资产、无形资产是否完整,上市公司是否存在为关联方担保或向关联方提供资金等转移经济利益的行为。公司经营存在对关联方的重大依赖,则公司利润调节空间很大。一些造假公司也可能设立一些潜在关联方,即特殊目的实体与公司进行交易来粉饰报表,并隐瞒这些关联关系及其交易。了解报表中的这些细节,有助于投资者理性决策。

> 【要点提示】大部分投资者习惯于查阅公司的每股收益、净利润增长率、每股净资产、净资产收益率等少数指标,对财务报表不做深入研究。实际上,如果公司有粉饰报表的动机,这些指标都很可能被造假。所以,多了解一些财务知识,就多了一种验证真伪、分析好坏的工具,无疑也为我们的投资安全多加了一道保险。

第 3 章
交易前后的准备工作

资本市场是一个对参与者综合素质要求很高的领域，而股市应该算是各大领域中门槛最低、风险最小，同时也最适合广大普通投资者参与的市场。而且，由于大量的分析方法是投资领域通用的，因此，先进入股市经历各种市场洗礼之后，再想介入其他投资领域就更容易上手，对风险控制的理解也会更加深刻。

对于只能进行做多盈利的广大投资者而言，股市投资的核心就是四个字——低买高卖，不过，说起来简单，做起来就没有那么容易了。投资者进行具体买卖操作的时间可能短短几十秒，但是，确定要介入什么个股、用多大仓位、什么时机介入等这些和投资结果直接相关的交易决策，却需要之前大量的信息收集与分析，这也许是金融市场投资和做实业最大的不同之处。只有在交易前进行了充分的准备工作，才能有效地提高投资的成功率。

3.1 每日综合资讯解读

交易前的准备工作比较复杂，所涉及的资讯包罗万象，在进行交易决策时，必须有一个明确的研判思路和先后顺序。

首先，分析大盘当前处于怎样的趋势，市场目前的人气如何。如果大盘处于明显下跌阶段，市场人气异常低迷，那么，投资者就应该暂时以观望为主，不宜盲目介入；如果大盘处于明显的上升阶段，或是处于下跌的末期，市场人气还比较高，那么，就可以着手选择目标个股了。其次，优先选择具有较明显板块效应的个股，这样成功率往往更大，上涨的持续性也会更强。若是没有较适合的板块个股机会，那么，就只能选择单一个股了。

无论是趋势研判，还是选择个股，在交易前认真阅读分析相关的财经资讯，都是必不可少的。

查阅财经资讯时，首先应该分析较为宏观的、对整个股市有重大影响的信息；其次，要观察当天是否有对整个行业有重大影响的消息出现；最后，密切留意当天上市公司有哪些重大利好信息，继而从中寻找较好的操作机会。只有这样，才能最大限度地降低交易风险，继而提高交易的成功率。

查阅财经资讯的途径很多，各大网站都有财经资讯以及股票专栏，但是，在种类繁多的网站和海量信息面前，想找到各方面都较为满意的，还真不是一件容易的事情。一个好的财经网站不仅应该信息全面、准确、及时，还应该内容言简意赅，重点突出，最好可以将当天对股市有重大影响的宏观政策、行业政策和上市公司新闻用醒目的标题罗列出来，让投资者在较短的时间内就可以把握文章的核心内容，对其中传达的信息进行解读。

➦【要点提示】笔者认为网易的股票专栏和东方财富的公司新闻总体上都不错，建议投资者可以重点关注。对于时间较紧张的投资者，可以重点关注同花顺的"早盘必读"，这个栏目用很小的篇幅将当天市场中最主要的各种资讯浓缩在了一起。

当然，在一些做得比较好的论坛上，也有不少有丰富投资经验的网友每天发布各种风格的当日资讯汇总、涨停股信息以及涨停原因分析等较有价值的文章。比如，淘股吧论坛排行榜上网友的文章，通常就可以给投资者带来极大的便利。

如图 3－1 所示，为淘股吧排行榜。

图 3－1　淘股吧排行榜

之所以会重点推荐淘股吧，是因为笔者在长期观看的过程中，发现这个论坛上活跃着一大批对股市有深刻见解、对各种资讯有独到认知、对每天市场上的海量信息有强大归纳分析能力的网友。

进入淘股吧主页，就可以看到依据精华帖数量、粉丝人数、被收藏数量、被推荐数量等各种标准排列的排行榜，点击选中的网友，就可以看到其所有发表过的文章了，相信只要观察一段时间，投资者一定会找到自己需要的作者和文章。比如下面一位叫"东呈"的网友的每日统计分析就很不错，如图3-2所示，为2017年4月18日的每日涨停分析。

```
2017-04-18
上涨家数792 平盘家数302 下跌家数2193
涨停：25家 换手板：8家 涨停打开：18家 涨停开板率：55.6%
涨幅大于7%：32家 非一字连板：2家 市场持续性：差
跌停：35家 跌幅大于7%：76家 市场风险度：66.7%
沪市成交额2119亿 环比-153亿，深市成交额2559亿 环比-172亿
沪股通 -5.20亿 深股通：1.34亿,大宗商品：棉花 +1.05%，铁矿石 -6.49%
雄安新区：2
000856冀东装备：09:39 水泥装备工程技术 金隅旗下 撞幅 股（有开板）2B
600230沧州大化：13:36 河北沧州 业绩预增+主营TDI涨价 有开板
300117嘉寓股份：7.13% 节能建筑 计划设立雄安总部（开板股）
600533栖霞建设：6.29% 雄安区 黎阳金融（开板股）
000852石化机械：6.09% 雄安区 地热能（开板股）
002158汉钟精机：5.33% 雄安区 地热能（开板股）
300137先河环保：2.92% 雄安区 环保（开板股）
600463空港股份：2.77% 雄安区 园区开发（开板股）
002494华斯股份：1.58% 雄安区 本地受益+土地储量（开板股）
300075数字政通：1.28% 雄安区 智慧城市（开板股）
300011鼎汉技术：1.07% 雄安区 轨道交通（开板股）
开板新股：3
603078江化微：09:30 开板新股回封 超高纯争试剂 湿电子化学品
300629新劲刚：09:33 开板新股 高性能合金 军工 材料 2B
601228广州港：09:42 开板新股 港口装卸 粤港奥 大湾区
业绩预增：2
603165荣晟环保：09:25 1月次新股+业绩预增236%
600230沧州大化：13:36 一季度业绩预增+主营TDI涨价 河北沧州 有开板
公告：1
300152科融环境：13:00 实控人高管12个月内拟增持 1-10亿元 有开板
板块题材：2
300466赛摩电气：10:19 高送转 变更拟10转8派0.3 超跌 有开板
002307北新路桥：11:17 一带一路 新疆 基础建设 公路 施工 有开板
新股：19
002858力盛赛车：09:25 赛车队 赛事运营 次新股
300633开立医疗：09:25 医疗诊断设备
300632光莆股份：09:25 LED照明 封装
603906龙蟠科技：09:25 车用环保精细化工 产品
```

图3-2 2017年4月18日涨停分析

上面的统计数据全面而实用，不仅包括当天涨停方面的各种统计数据，而且对当天涨停的个股按照题材的不同进行了分类，更加难得的是还将涨停的股票首次冲击涨停的时间也一一列出，所有这些数据都非常重要，它们让投资者对整个市场状况有一个清楚的认识，对当天什么题材的个股表现较强、哪只个股是该板块的龙头、当天某一板块都有哪些个股冲击涨停、每只涨停个股的涨停原因等重要信息了如指掌。同时，还可以节约投资者大量用于复盘研究的时间。

3.2 投资者互动平台

通常情况下，大家主要都是从主流媒体或权威的官方网站上来获得各种资讯，至于投资结果上的巨大差异，更多的是取决于个人的判断力和具体操作过程。不过，还是有一些非大众化的获取信息渠道，可以为我们提供更及时和详细的资讯，在这里重点介绍一下深交所的互动易。

互动易移动客户端是深圳证券交易所推出的一款投资者与深市上市公司（以下简称上市公司）互动交流的应用，用户使用该应用可以与上市公司进行直接的交流，同时还可以浏览上市公司的最新提问、最新答复、公司公告、公司声音、大事提醒等信息。其中互动问答是这个平台的主要功能，投资者可以对想了解的各种事项提出问题，用户可点击应用界面右上角的提问框，输入完毕后点击发布就完成了提问。提问内容不超过200个字，上市公司在接收到用户的提问后通常会有专人给予官方的回复。

由于上市公司众多，不同的上市公司复议和对投资者之间互动的重视程度差异很大。有的上市公司在看到有投资者提问时会很快就给予认真详细的答复；有的上市公司回复得也较为及时，但是回复的内容让人难以满意，因为大多是格式化的回复，缺乏实质性内容。也有些上市公司对于投资者的提问熟视无睹，投资者提出问题一两个月了，也不见回复。

在这个投资者互动平台上，有价值的信息有两大类：一类是投资者密切关注的问题在常规渠道得不到明确的答案，投资者就可以在互动易平台上对上市公司提出自己的疑问；另一类是一些较为开明的上市公司可以应投资者的要求，在互动易上公布最新的股东人数。通过股东人数和股价走势相结合的投资方法，在笔者之前的几本书中不止一次地介绍过，可见，及时获得股东人数数据，对于喜欢此种投资方法的投资者来说，无疑是最有价值的信息。但是，是否给予答复完全是要看上市公司了，对于这方面不了解的可以试着提问就清楚了。

对于不愿提供最新股东人数的上市公司来说，给出的最多的拒绝理由就是认为这样公布出来有违公平性原则，因为，通常股东人数只有在每一季度的报表中一并公布，但是，上市公司公布的时间和季报截止的时间往往有较长时间的滞后期。按照规定，年度报告由上市公司在每个会计年度结束之日起4个月内编制完成（即1月至4月），中期报告由上市公司在半年度结束后两个月内完成（即7月、8月），季报由上市公司在会计年度前3个月、9个月结束后的30日内编制完成（即第一季报在4月，第三季报在10月）。可见，季报最长可以有1个月的滞后期，半年报最长有2个月的滞后期，而年报最长可以有4个月的滞后期。

比如，上市公司2016年的年报是对截至2016年12月31日的所有数据进行统计而形成的，很多投资者最为关心的股东人数当然也不例外。但是，由于上市公司最晚可以在4月底公布，因此，一些上市公司公布报表的时间尽量往后拖，尤其是业绩不佳的上市公司更是如此。当然，也有一些较为高效负责的上市公司会较早公布，不过，通常最快也要在1月15日左右才会公布出来，而大多数上市公司都会在这4个月内陆续公布，这样的话，等投资者看到股东人数的数据可能已经是一两个月，甚至是三四个月以前的，这么长的时间里该股的主力机构往往早就发生了很大的变化，可见，严重滞后的入股人数数据对于投资者进行决策的意义就将大打折扣了。相比之下，在互动易平台上得到最新的股东人数数据，就具有很大的优势了。图3-3为深交所互动易最新股东人数。

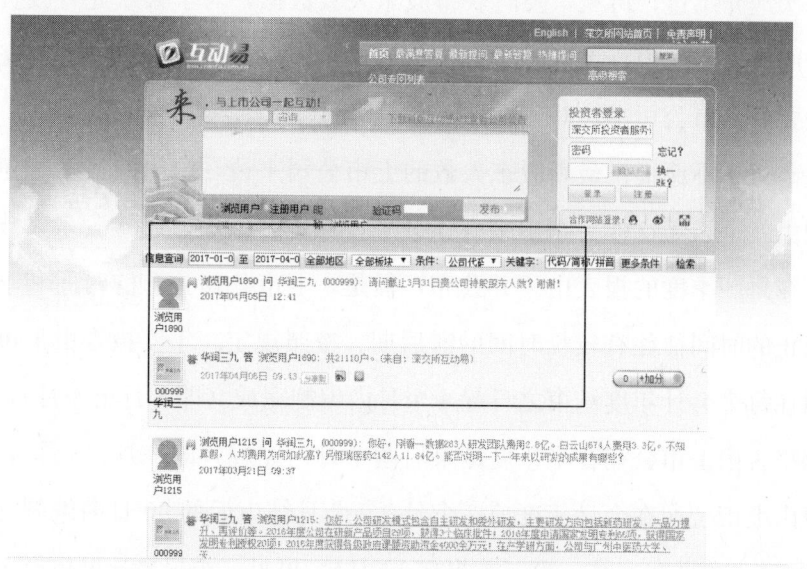

图3-3 深交所互动易最新股东人数

从上图中可以看出一位网友是在4月5日询问华润三九公司截至3月31日的股东人数情况，而在次日就得到了答复，显示共有21110户。请注意一点，该网友询问的是一季度的股东人数，要是按照正常渠道上市公司最晚可以在 4 月 30 日再公布，而通过互动易投资者只比 3 月 31 日的截止日期晚了两天！（4 月 1 日～4 日清明节休市）利用这样的数据来分析个股的走势，至少就是最接近真实状况的反映了。通常获得了这一信息之后，就应该与上市公司之前季度的股东人数数据进行比较分析，还是以通达信为例，如表 3-1 所示，为华润三九（000999）股东研究列表。

表 3-1 华润三九股东研究列表

十大流通股东	截止日期: 2016-12-31			
本期十大流通股中，机构共持6955.79万A股，占流通A股7.11%，占总股本7.11%。				
股东户数23242 户均持股42118 流通A股东户数23242 流通A户均持股42096				
股东名称	持股数（万股）	占流通股比	股东性质	增减情况（万股）
中国证券金融股份有限公司	2927.15	2.99%	A股 其他	维持
中国人民人寿保险股份有限公司－万能－个险万能	1941.47	1.98%	A股 保险理财	-27.01
中国人民人寿保险股份有限公司－分红－个险分红	1466.54	1.50%	A股 保险理财	维持
中央汇金资产管理有限责任公司	1114.49	1.14%	A股 资产管理公司	维持
中国工商银行股份有限公司－博时精选混合型证券投资基金	949.90	0.97%	A股 基金	20.00
摩根士丹利投资管理公司－摩根士丹利中国A股基金	818.04	0.84%	A股 QFII	-187.38
涿州京南永乐高尔夫俱乐部有限公司	735.00	0.75%	A股 其他	维持
加拿大年金计划投资委员会－自有资金	665.36	0.68%	A股 RQFII	维持

上面方框内是截至 2016 年 12 月 31 日的股东户数数据，由于华润三九已经不存在限售股，所以股东户数和流通股 A 股股东户数是一样的，均为 23242 户，和上面网友在投资者互动平台上咨询上市公司得到的 2017 年 3 月底的股东户数 21110 相比，股东户数减少了 10% 左右，虽然股东人数减少往往意味着有筹码向大机构转移，对个股未来

的走势来说一般可以理解为利好，但是，由于减少的幅度不是特别大，所以，究竟该股后续是否会有较为出色的表现目前是不好判断的。在这里也只是以该股为例，来说明从非大众化媒体上得到一些重要信息对于投资者能够及时作出预判的重要性。

即便是获得了个股的股东人数出现大幅减少的信息，也不能马上就介入，因为存在股东人数信息公布时间与数据截止时间之间的滞后性问题，为了保持最佳的使用效果，就应该将滞后性尽量缩短。此外，即便是发现股东人数比前一期大幅减少，也要和该股在两次股东人数变化区间的走势进行比较分析，在两次股东数据变化期间个股如果已经出现了较大幅度的上涨，那么，由于目前股价脱离机构的成本价较远，主力机构已经获利丰厚，此时，就存在大机构可能随时大规模出逃的风险。

上面讲了在此期间大涨不一定是好现象，那么，是不是大跌就比较好了呢？其实也不尽然，因为，在两次股东数据变化期间个股如果出现大跌，通常有两种情况：一种是主力机构依然没有大规模出逃，但是，或是由于主力目前不想拉抬股价，或是有心无力，或是其间大盘出现大跌，导致个股出现较大幅度的下跌；第二种情况是之前主力出于某些原因看好该股，因此大量介入了，之后不久主力机构从某些渠道得到了上市公司目前还没有公布的重大利空，因此，提前不计成本地大量抛售，导致个股股价出现大跌。可见，究竟是因为主力在等待最佳时机，目前暂时不打算拉抬股价，还是主力机构提前获悉上市公司的一些重大利空，投资者是无法仅从单纯的技术走势来作出区分的。因此，稳妥起见，在两次股东数据变化期间个股出现了大跌，投资者还是尽量不要参与。

最好的走势是在两次股东数据变化期间，个股既没有大涨，也没有大跌，而是处于横盘震荡，而且，成交量没有出现明显的持续异常放大，这种形态的走势往往说明大机构没有大规模出逃，后续等待主力机构大幅拉升的机会就较大了。

> **【要点提示】**若是想通过股东人数的变化趋势来对个股的走势进行预测，希望个股未来有较好的表现，就需要最近的股东人数至少比前一期报表中公布的股东人数减少25%左右。
>
> 个股出现了股东人数大幅减少，不一定都会马上大涨，很多时候主力是要等待上市公司出台相关的利好前后，才会大幅拉升，这样更容易得到市场上投资者的跟风炒作，由于成交量大增，往往也可以较为顺利地借利好出局，而且，也容易卖出较高的价格。

3.3 停复牌信息

每天开盘前，投资者除了了解是否有宏观政策方面的利好或是利空信息以外，公司资讯就是必须要阅读分析的重要内容了，其中停复牌信息更是应该重点关注的。由于停牌的个股既无法交易，也不知何时才会复盘，在这里主要是重点看复盘信息，以便投资者从中寻找交易机会。因为，一方面在每天涨停收盘的个股中，当天出台了某种重大利好的个股往往占据了相当大的比例。另一方面，从当天复盘个股的整体走势情况，可以侧面反映当天市场人气的强弱，继而为操作决策提供较有价值的参考。

具体地说，就是因为绝大多数复盘的个股，尤其是停牌时间较长的个股，基本上都是其间进行了资产重组。也就是说，复盘的大多数个股是携带利好消息复盘交易的，若是当天这样的个股大多数表现较好，说明市场人气还不错，但如果大多数复盘的个股走势和之前类似题材个股的走势相差很大，表现不尽如人意，往往表明当前的市场环境较差，当天不适宜交易。

虽然几乎所有较知名的财经网站都会有公司资讯这个栏目，但是，笔者认为做得比较好的、方便投资者进行高效阅读的还是首推东方财富网站。图 3—4 为东方财富 2016 年 12 月 26 日停复牌界面。

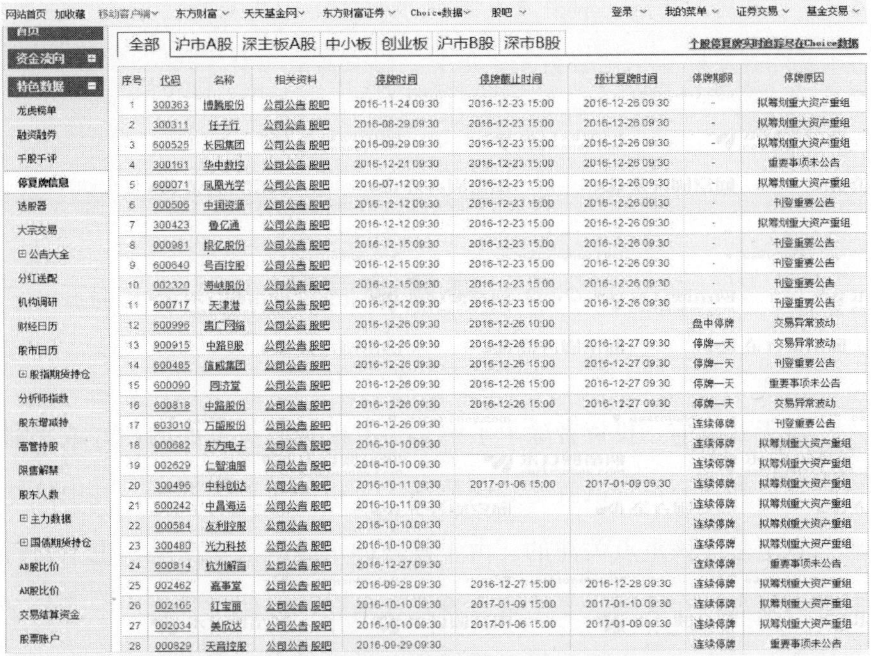

序号	代码	名称	相关资料	停牌时间	停牌截止时间	预计复牌时间	停牌期限	停牌原因
1	300363	博腾股份	公司公告 股吧	2016-11-24 09:30	2016-12-23 15:00	2016-12-26 09:30	-	拟筹划重大资产重组
2	300311	任子行	公司公告 股吧	2016-08-29 09:30	2016-12-23 15:00	2016-12-26 09:30	-	拟筹划重大资产重组
3	600525	长园集团	公司公告 股吧	2016-09-29 09:30	2016-12-23 15:00	2016-12-26 09:30	-	拟筹划重大资产重组
4	300161	华中数控	公司公告 股吧	2016-12-21 09:30	2016-12-23 15:00	2016-12-26 09:30	-	重要事项未公告
5	600071	凤凰光学	公司公告 股吧	2016-07-12 09:30	2016-12-23 15:00	2016-12-26 09:30	-	拟筹划重大资产重组
6	000506	中润资源	公司公告 股吧	2016-12-12 09:30	2016-12-23 15:00	2016-12-26 09:30	-	刊登重要公告
7	300423	鲁亿通	公司公告 股吧	2016-12-12 09:30	2016-12-23 15:00	2016-12-26 09:30	-	拟筹划重大资产重组
8	000981	银亿股份	公司公告 股吧	2016-12-15 09:30	2016-12-23 15:00	2016-12-26 09:30	-	刊登重要公告
9	600640	号百控股	公司公告 股吧	2016-12-15 09:30	2016-12-23 15:00	2016-12-26 09:30	-	刊登重要公告
10	002320	海峡股份	公司公告 股吧	2016-12-15 09:30	2016-12-23 15:00	2016-12-26 09:30	-	刊登重要公告
11	600717	天津港	公司公告 股吧	2016-12-12 09:30	2016-12-23 15:00	2016-12-26 09:30	-	刊登重要公告
12	600996	贵广网络	公司公告 股吧	2016-12-26 09:30	2016-12-26 10:00		盘中停牌	交易异常波动
13	900915	中路B股	公司公告 股吧	2016-12-26 09:30	2016-12-26 15:00	2016-12-27 09:30	停牌一天	交易异常波动
14	600485	信威集团	公司公告 股吧	2016-12-26 09:30	2016-12-26 15:00	2016-12-27 09:30	停牌一天	刊登重要公告
15	600090	同济堂	公司公告 股吧	2016-12-26 09:30	2016-12-26 15:00	2016-12-27 09:30	停牌一天	重要事项未公告
16	600818	中路股份	公司公告 股吧	2016-12-26 09:30	2016-12-26 15:00	2016-12-27 09:30	停牌一天	交易异常波动
17	603010	万盛股份	公司公告 股吧	2016-12-26 09:30			连续停牌	刊登重要公告
18	000682	东方电子	公司公告 股吧	2016-10-10 09:30			连续停牌	拟筹划重大资产重组
19	002629	仁智油服	公司公告 股吧	2016-10-10 09:30			连续停牌	拟筹划重大资产重组
20	300496	中科创达	公司公告 股吧	2016-10-11 09:30	2017-01-06 15:00	2017-01-09 09:30	连续停牌	拟筹划重大资产重组
21	600242	中昌海运	公司公告 股吧	2016-10-11 09:30			连续停牌	拟筹划重大资产重组
22	000584	友利控股	公司公告 股吧	2016-10-10 09:30			连续停牌	拟筹划重大资产重组
23	300480	光力科技	公司公告 股吧	2016-10-10 09:30			连续停牌	拟筹划重大资产重组
24	600814	杭州解百	公司公告 股吧	2016-12-27 09:30			连续停牌	重要事项未公告
25	002462	嘉事堂	公司公告 股吧	2016-09-28 09:30	2016-12-27 15:00	2016-12-28 09:30	连续停牌	拟筹划重大资产重组
26	002165	红宝丽	公司公告 股吧	2016-10-10 09:30	2017-01-09 15:00	2017-01-10 09:30	连续停牌	拟筹划重大资产重组
27	002034	美欣达	公司公告 股吧	2016-10-10 09:30	2017-01-06 15:00	2017-01-09 09:30	连续停牌	拟筹划重大资产重组
28	000829	天音控股	公司公告 股吧	2016-09-29 09:30			连续停牌	重要事项未公告

图 3—4　东方财富 2016 年 12 月 26 日的停复牌界面

从上图停复牌列表中，不仅可以清楚看到当天将会有哪些股票复牌、哪些股票停盘，以及个股停复牌的原因，而且，有时还会公布一些股票停盘的具体期限。当然,这个停复牌信息界面最大的作用是可以在当天开盘前及时看到将会复牌的股票信息,这对于始终关注其中某些停盘股票的投资者,以及喜欢炒作热点题材的投资者而言,都是必不可少的重要信息。因为,通常情况下进行了较长时间的停盘后复牌的个股,往往会有资产重组的重大利好公布,这些题材很多情况下会成为个股大涨的催化剂。当然,也会有一部分股票在复牌时带来一些诸如终止资产重组、被证监会调查、公司经营出现重大不利状况等利空信息。不过,不管复牌时带来怎样的信息,或利好,或利空,提前获悉资讯就可以进行充分的准备,以便从容地制定出较佳的应对方案。

从东方财富2016年12月26日的停复牌界面可以看到,此列表不仅披露了投资者最为关心的当天所有复牌股票的信息,而且,还有一些停盘个股的停盘期限,比如美欣达(002034)就显示将会在12月26日当天停盘,2017年1月9日复牌,这对于手中持有该股票的投资者来说,就可以做到心中有数了。

> 【要点提示】一般情况下,上市公司停盘时间不得超过1个月,但延期复牌申请获得批准,后续将会停盘多久具有不确定性。
>
> 当天发布重大利好消息的复牌个股的表现情况,可以作为对当天市场人气强弱进行预判的一个较为有效的标准。对于一些在之前出现类似利好就会有上佳表现的题材股,若当天的表现差强人意,那么,很可能预示着市场追涨的意愿趋弱,投资者就应该谨慎行事。

3.4 龙虎榜单

股票龙虎榜数据，官方正式名称叫作"交易公开信息"。相信不少投资者或许会纳闷，看到自己持有的个股当天涨停了，但是，却没有在龙虎榜单上出现，这是为什么呢？其实上龙虎榜单是有严格限制条件的，不是所有涨停的股票都可以上龙虎榜单，下面就详细介绍上龙虎榜单的具体规定。

按沪深股票交易所的规定，每日收盘后公开当日异常交易/波动的前三名股票的买入卖出前五名的交易（席位）信息。股票异常交易/波动主要有以下几种情形：

日涨跌幅偏离值达 7％的证券；

日振幅值达 15％的证券；

日换手率达 20％的证券；

无价格涨跌幅限制的证券（首日上市新股）；

连续 3 个交易日内，涨跌幅偏离值累计达 20％的证券；

连续 3 个交易日内，涨跌幅偏离值累计达到 12％的 ST 证券、*ST 证券和未完成股改证券；

连续 3 个交易日内，日均换手率与前 5 个交易日的日均换手率的比值达到 30 倍，且换手率累计达 20％的证券。

涨跌幅偏离值＝股票涨跌幅－对应大盘涨跌幅

龙虎榜数据也存在着局限性：一是只有少数股票能够出现在龙虎榜单上；二是数据在收盘后发布，时间存在延迟性。尽管如此，虽然当天涨停的股票很多，但是符合连续 3 个交易日内涨跌幅偏离值累计达20%这样上榜条件的却很少，而某一阶段的热点龙头往往都会出现在龙虎榜单上，从龙虎榜数据可以直观看出主力的买卖动向、当天介入较深的前五大买入和卖出的营业部名称等信息，因此，龙虎榜单信息还是有很大的参考价值。

需要特别注意，股票日涨跌幅偏离值并非股价的涨跌幅，而是股票涨跌幅与对应指数涨跌幅的差值。清楚了这一点，短线投资者就可以精确地计算出在什么情况下个股达到了异常交易的条件，从而可以在当天收盘前择机出局，避免可能出现的由于短期涨幅过大导致上市公司迫于压力做出的停盘自查。这种情况在热点龙头股上很常见，尤其是短期时间内多次达到异常交易的情况下更是如此。

➡【要点提示】恰当地规避可能的停盘自查有以下几点好处：一是由于停盘自查很可能是交易所的授意，这就表明了监管层对于股价短期大涨有调控的意图，上市公司为了迎合有时还会马上公布一些利空消息来压制股价的非理性上涨。

二是即使上市公司没有公布什么利空消息，由于停盘一段时间，很多短线投资者对该股的参与热情往往也会降低，在之前已经持续大涨的背景下，该股复牌后的走势就存在较大的风险了。

三是规避掉可能的停盘，可以将资金运用到其他的机会中，提高资金的使用效率。

龙虎榜单由于是信息公开极其重要的组成部分，因此，几乎所有的财经网站的股票专栏在交易结束后都会披露相关信息。不过，笔者认为东方财富网站在这方面做得还是很有特色的，不仅信息十分系统，而且很实用，一共有19个主要界面，将投资者想要了解的大量信息都罗列出来了，提供沪深两市最全龙虎榜交易数据，让投资者及时了解个股异动原因，持续跟踪主力动向，全面覆盖最活跃个股、敢死队营业部、机构席位买卖股票信息。

改版后新增了个股上榜后的解读，以及个股上榜后的行情走势统计；同时还增加了上榜营业部的回测分析数据，根据营业部的活跃度和回测分析的平均涨幅和上涨概率数据，也可以判断出买进个股后的胜率，以及持有个股几天最合适。如图3－5所示，为东方财富龙虎榜单的主要页面。

```
二、龙虎榜单有19个主要页面
龙虎榜首页
 龙虎榜首页： http://data.eastmoney.com/stock/lhb.html
数据列表页
 龙虎榜详情： http://data.eastmoney.com/stock/tradedetail.html
 个股上榜统计： http://data.eastmoney.com/stock/stockstatistic.html
 机构买卖每日统计： http://data.eastmoney.com/stock/jgmmtj.html
 机构席位追踪： http://data.eastmoney.com/stock/jgstatistic.html
 每日活跃营业部： http://data.eastmoney.com/stock/hyyyb.html
 营业部排行： http://data.eastmoney.com/stock/yybph.html
 营业部统计： http://data.eastmoney.com/stock/traderstatistic.html
 营业部查询： http://data.eastmoney.com/stock/yybcx.html
个股龙虎榜详细页
 每日成交明细： http://data.eastmoney.com/stock/lhb/000011.html
 历次上榜后表现： http://data.eastmoney.com/stock/lhb/lcsb/000011.html
 营业部买卖统计： http://data.eastmoney.com/stock/lhb/yybgqtj/000011.html
 机构买卖统计： http://data.eastmoney.com/stock/lhb/ggjgmmtj/000011.html
 个股龙虎榜数据揭秘： http://iguba.eastmoney.com/8391094080894482
营业部上榜详细页
 营业部历史交易明细： http://data.eastmoney.com/stock/lhb/yyb/80154611.html
 营业部风格： http://data.eastmoney.com/stock/lhb/yybtj/80154611.html
 资金状况： http://data.eastmoney.com/Stock/lhb/yybzj/80154611.html
 回测分析： http://data.eastmoney.com/Stock/lhb/yybhc/80154611.html
 协同营业部： http://data.eastmoney.com/Stock/lhb/yybxt/80154611.html
三、龙虎榜单名称解释
 龙虎榜成交金额：买入前5名营业部与卖出前5名营业部的成交总金额
```

图3－5 东方财富龙虎榜单的主要页面

➲【要点提示】龙虎榜单营业部排名上的很多收益较高的营业部基本上都会参与新股申购，一旦中签往往就会使统计数据十分好看，由于在相当长时期内，申购新股还基本上呈现出无风险、高收益率的特征，因此，投资者要想较准确辨别营业部的真实水平，就需要将新股收益剔除之后再去分析。

第 4 章 Level-2 行情数据的特色功能

Level-2 行情产品是 2006 年由证券交易所推出的实时行情信息收费服务,主要提供证券产品的实时交易数据。它包括沪市十档行情、深圳千档行情、买卖队列、逐笔成交、个股撤单等多种新式数据,在刷新数据的速度上通常比普通免费行情产品要快 2～3 秒,相比而言,Level-2 行情可以看到更快、更全面、更真实的行情数据。

Level-2 行情数据中使用最广、最基础的功能笔者已经在之前出版的《十倍盈利的选股战法》一书中系统介绍过了,这里介绍的是它的一些特殊功能。对于不清楚如何使用沪市十档行情、深市千档行情、买卖队列、逐笔成交、个股撤单等基础功能的投资者,建议可以参考阅读此书,这样便于更加全面地了解 Leve-2 行情数据的巨大优势。

收费的股票分析软件和免费的相比,主要体现两大方面的优势:一是在功能、资讯信息方面会更丰富,也多了一些资金流向数据指标等;二是在传输的数据方面具有免费版无法比拟的优势,最基础的收费版通常也都会提供 Level-2 行情的各种特色数据,而那些价格更高的版本还会有一些投资报告、策略分析等其他信息服务。

4.1 是否有必要使用 Level-2 行情数据

在本书中详细介绍的 Level-2 行情数据都是基于最实惠的 Level-2 行情来进行的。之所以这样选择，原因主要有两点：一是基础版的收费软件中的主要功能足以满足广大普通投资者的使用要求，二是主流品牌最基础的 Level-2 行情的价格极其便宜，比如，像同花顺、东方财富等主流品牌的 Level-2 行情一年的使用费基本上都是在 200 多元，通达信的虽然贵一些，不过也才 500 多元而已，只花费几百元就获得对我们的投资起到巨大帮助作用的诸多功能，这样的投资应该说还是很值得的。

本章重点介绍 Level-2 行情的运用技巧，就是想告诉大家，对于普通投资者而言，若是能充分利用好最基础的 Level-2 行情数据分析，对我们的投资会起到帮助作用。目前几个主流的软件在最基本的 Level-2 行情数据提供方面基本上差别不大，当然，不同的品牌也会有一些各自的特色功能。

笔者认为对于超短线投资者而言，最重要的就是可以看到 Level-2 行情的各项特色传输数据，至于其他资讯以及投资策略报告等，对于交易经验丰富的投资者来说其实作用较为有限。笔者推荐投资者使用最基础版本的 Level-2 产品，重点只是获悉更加及时、全面和真实的基础传输数据，而不是将买卖决策完全寄托于外在的力量上。

在这里必须强调一个投资理念的问题，想要做任何事情你都要付出一定的成本，这些成本包括经济成本、时间成本和机会成本。而且，你的目标越高，往往需要达到的时间就越长，过程就会越艰辛。股市投资也是一样的，在每一个投资者从一无所知到比较精通的过程中，除了自己要花费大量的时间和精力学习各种投资理论知识以外，还必须持续投入一定的资金进行实际操作，正所谓理论联系实际，继而不断地积累投资经验，不断地总结和完善自己。现在是高度发达的商品社会，很多时候只要花费很少的资金成本，就可以迅速提高投资者的竞争优势，这样的付出其实是最有价值的。

其实，对于投资而言，一年仅200多元的价格的确不贵，想想看，只花费很少的资金就可以看到更加全面的大量交易数据、分析统计和财经资讯，为投资者的投资额外增加几分胜算，是不是非常值得呢？答案当然是肯定的，因为获得比市场上绝大多数投资更快捷、真实和全面的信息，就意味着你首先在投资的起点上已经领先了一大步，Level-2行情对于广大投资者，尤其是短线投资者和趋势投资者的分析决策可以起到很多不可替代的帮助作用。

目前，大量的投资者没有使用Level-2行情数据可能有两方面的原因，一个是经济上的，一个是观念上的。目前的价格从经济上来说实在是可以忽略了，因此，更多还是来自投资理念方面。这其中也分为两大类，一类是从来没有用过，也不了解Level-2行情的人群，对于这类投资者，给出的建议就是至少用一次看看，至少应该有一个初步的了解。还有一类投资者，可能曾经使用过Level-2行情，但是，由于种种原因导致没有达到自己预期的效果，因此，断定该行情数据没有什么用处。对于这类投资者，请思考一个问题，在股市暴跌到998点时，为什么有些人会欣喜若狂地重仓介入，在之后不久迎来了难得的超级大牛市中获得了异常丰厚的回报，而同时有些人依然还在割肉？同样的点位呈现在每一个投资者面前，对于所有人来说都是公平的，之所以会造成截然不同的投资结果，主要原因还是投资者自身综合能力的不足所导致。对于市场中的很多工具、理念和方法，请不要轻易就做出没有用这样的武断结论。其实,往往更大的可能性是我们没有真正了解和领悟而已。当然,笔者绝对认同在股市中的确存在大量没有太大使用价值和故弄玄虚的东西,也不否认有些东西要作出一个明确的结论是很困难的。

但是,在有些情况下,判定一个东西究竟有没有价值却又十分简单,比如,就像在Level-2行情的更快、更真实、更全面这三大特性中,笔者认为只要具备了其中任何一项,那么,相对于低廉的使用成本来说,就已经是物有所值了。至于每一个投资者使用后所造成的结果不同,其实和使用工具没有太大关系。这就像准备了两份同样的食材,一个技艺高超的大厨可以做出一桌让人回味无穷的美食大餐,但是,对于一个厨艺不佳的人来说,可能做出的就难以尽如人意了。

> **【要点提示】**通过上面的简单介绍,投资者就清楚Level-2产品和免费版的大体区别了,由于同在交易时间,但是看到的信息程度却存在很大差异,那么,抛开投资者其他方面的能力不谈,仅是在获取信息上Level-2就具有明显的优势。
>
> 必须承认能看到更加全面、真实、及时的数据无疑已经赢在起跑线上,但是,绝不表示就可以轻轻松松炒股而一劳永逸,投资者必须掌握的那些基本专业技能同样都不可或缺。在个人具备相应综合技能的前提下,再使用Level-2行情数据自然就可以起到锦上添花的作用。

4.2 资金流向特色功能

资产价格都是由于资金的推动而不断上涨的，尤其是那些对市场具有较大影响力的大机构、大主力资金的流向，始终都是进行价格分析不可或缺的重要组成部分。资金流向分析主要分为大盘资金流向、板块资金流向和个股资金流向三大类。大盘资金流向分为当日实时资金流向和多日资金流向两部分。板块资金流向可以按行业、概念、地域分类统计，其中，板块资金流向包括实时排名和区间统计排名。实时排名主要是监控当日热点，包括板块涨幅、换手、资金流入流出、资金比等。个股资金流向排名包括资金流入排名、区间统计排名、大单统计排名、主力增仓排名、连续流入排名和连续增仓排名多种统计方式。点击表格标题即可对相应资金流向变量进行升序或降序排名，方便投资者快速找出那些多头净买入意愿较强或主力净买入意愿较强的股票。而对于 Level-2 行情数据来说，针对资金流向方面的特色功能就更加强大了，下面对一些较为重要的功能逐一进行介绍。

4.2.1 多日资金动向

同花顺的多日资金动向是指由多种资金流向指标构成，用于对近期一段时间主力资金流入状态进行较全面统计的 Level-2 数据行情的重要功能。该系统主要包含三个指标：即大单净量、散户数量和大单金额。点击同花顺左上方的应用选项就会出来一系列功能选项，如果界面中没有自己想要的，可以点击添加应用选项选择相应的功能添加即可。图 4-1 为同花顺多日资金动向界面。

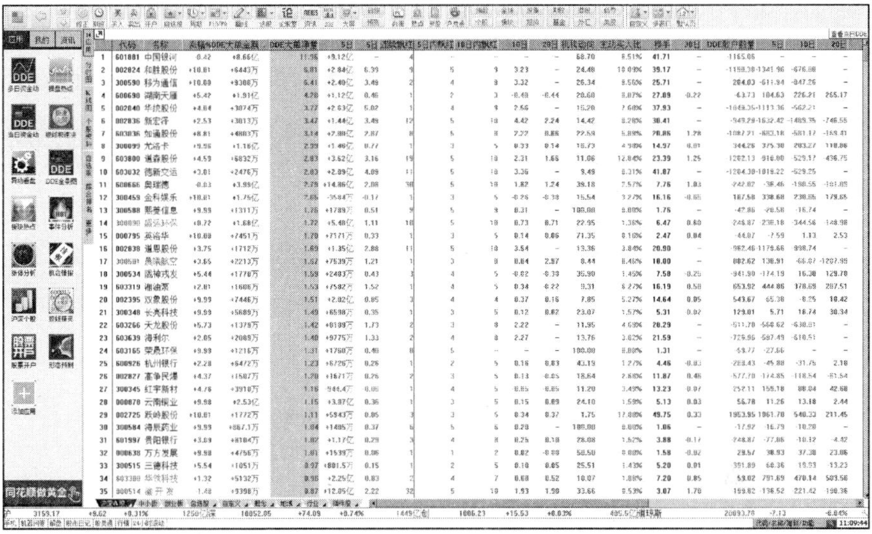

图 4-1 同花顺多日资金动向界面

同花顺 Level-2 数据的小单、中单、大单、特大单主要是根据金额来确定的：小单是指金额在 4 万元以下，中单金额是在 4 万元至 50 万元，大单金额是在 50 万元到 100 万元，特大单金额为 100 万元以上。以下 DDE 各个技术指标中对大单定义都是指大单与特大单的合计数，如无特殊分类显示或注明均统称为大单。下面分别对该系统包含的三个指标做一个简单说明。

1. 大单净量

大单净量是指大单净买入股数与流通盘的百分比比值。

（1）若当天红绿柱线为红色则表示当天的大单买入量较多，反之，如果当天红绿柱线为绿色则表示大单卖出的较多，柱的长短表示买卖的力度大小。

（2）多日出现持续的红柱就表示主力资金买入较为积极，股价很可能有持续的上涨动力。反之，绿柱持续出现往往表示主力资金卖出较为坚决，股价后期的走势往往不太乐观。

2. 散户数量

该指标的计算是基于同花顺 Level-2 的逐单统计数据，表示卖出单数和买入单数的差与笔数化流通盘的比值，相当于是对散户数量增减的一个估算值。

（1）散户数量为反向指标。如果当天红绿柱线为绿色则表示当日单数差为正，大单卖出较多。反之，如果当日红绿柱线为红色则表示当天的单数差为负，大单买入较多。

（2）多日持续出现红柱则表示筹码在向少数人转移，有主力资金收集，股价通常有持续上涨的动力。而多日出现绿柱则表明是以散户行情为主，一般不具备长期上涨的动力。

3. 大单金额

大单金额是指大买单总金额和大卖单总金额的差值。

红色彩带表示了大资金买入的强度，色带越宽、越高则表示买入强度越大。当彩带突然升高放宽时往往预示短线将快速上涨。但是，若是持续急速升高也要防止短期可能随时会出现调整，因为物极必反。

同花顺多日资金动向的 DDE 数据增加了对大单净量、散户数量、大单金额的 5 日、10 日、20 日、30 日历史统计数据，以及大单净量的飘红天数统计，可以在帮助用户选出短线强势股的同时，再结合相应技术指标分析某个时间段内主力资金的性质和操作行为。以散户数量指标为例：该指标的 5 日、10 日、20 日三均线持续向下，则表示筹码在持续向少数人集中，有大资金在收集筹码，股价通常有持续上涨的动力；而当股价上涨，但 5 日、10 日、20 日散户数量的三均线却向上，表明是游资短线和散户行情，短线操作上可以逢高出局。

多日资金动向列表的项目非常多，使用者不太可能每一项都详细地去分析，也完全没有必要。从上面对三个主要资金流向指标的分析中，我们知道了大单金额是买卖大单的差值，这是一个绝对值指标，由于没有考虑同样金额对于不同流通盘的个股的作用会有很大区别这一关键点，因此，该指标在分析对个股未来走势的作用方面就不建议使用者作为主要关注项。而大单净量和散户数量虽然都是相对于流通盘比值反映主力资金流入状态的指标，原理上大同小异，只不过在指标显示上二者相反，因此，这两个指标在一般情况下，尤其是在个股处于走势良好的前提下重点只看大单净量这一种指标也是可以的，因为根据大量的个股指标对比，发现这两个指标给出的参考作用和指导方向基本上差别不大。这里要强调一点，在个股处于调整阶段时，建议应该重点关注散户数量指标是否与股价走势发生背离，以便较准确地把握个股究竟是洗盘还是出货。

在多日资金动向列表中，连续飘红和 5 日、10 日飘红数量，在具体选股时也是可以重点关注的，此外，在多日资金动向界面的右上角有一个当日 DDE 数据的选项，点击就可以从当前的多日资金动向界面转化为当日 DDE 数据界面了。若点击左上方应用选项旁边的小箭头图标，就会将目前选中的个股的分时图、买卖报价窗口显示出来。

> 【要点提示】可以在资金动向表中对各个选项点击，进行由大到小排序，选出短线强势股。上面对于三个资金流向指标的说明是以 K 线页面下为例的，在分时图界面下道理也一样。
>
> 一种软件上各种功能数不胜数，投资者应该仔细了解指标的构成原理和使用方法，必须要有取舍，重点选择最有代表性的几种互补性较强的典型指标来灵活运用才更为现实，对于重合度较高的功能和指标完全可以只选择一种就可以了。

4.2.2　DDE全景图

上面所讲的多日资金动向虽然也是主要以DDE数据为基础用以反映个股资金流向的重要指标,但是,多日资金动向是统计监测一段时期内个股的资金流向状态,是以天为单位的,因此,它更多应用在选股方面,无论对于短线还是中线投资者的个股分析都有较大的帮助作用;而DDE全景图由于是对很短周期进行排序,因此,它更倾向于对时机的选择,更适合超短线投资者关注。DDE全景图由两大类统计排名数据构成,一类是截至当天此时的盘面最新资金流量处于前列的个股的统计监测,另一类统计监测数据所依据的时间周期极其短暂,是以分钟为单位的,一般有3分钟和5分钟两种。图4-2为同花顺DDE全景图。

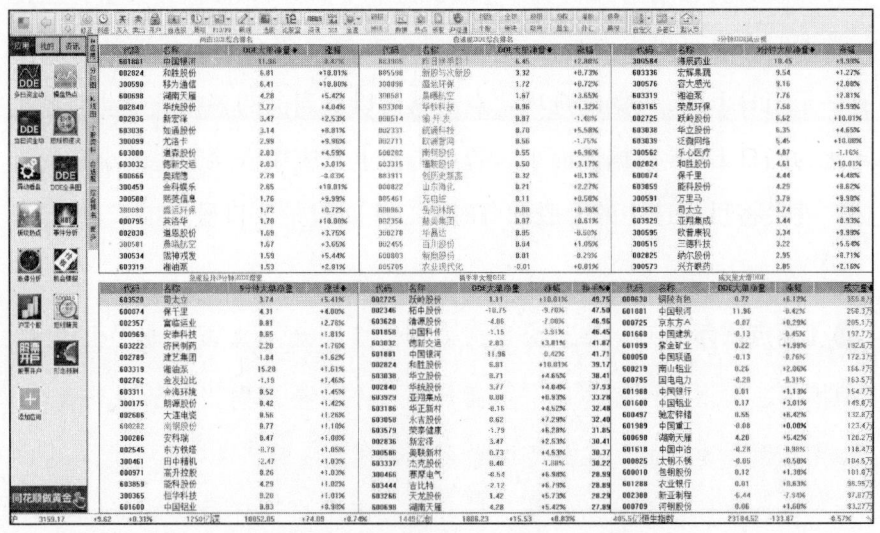

图4-2　同花顺DDE全景图

同花顺的DDE全景图共分为6个子窗口,其中的两市DDE综合排名和自选股DDE综合排名是对特定范围的个股截至目前DDE数值处于前列的个股的一个排名。3分钟DDE风云榜和急速拉升(5分钟)

DDE 增量排名是对个股在短期内 DDE 数值快速增加的排名。

而换手率大增 DDE 和成交量大增 DDE 是建立在量能大增个股中 DDE 数值的排名，对于这两项排名投资者没有必要过于关注，因为，本来只依据当天状况来判断个股走势的不确定性就很大，再加上量能大增在很多情况下和股价上涨的关联性不大，因此，投资者在参考这两项量能 DDE 排名时一定要谨慎。

> 【要点提示】投资者随便打开几个股票较长期的走势图就会发现，阶段性顶部往往都是出现在成交量大幅增加的不久之后而形成的。相反，大量的地量往往也是股价处于阶段性低点的时候，因此，与其想从成交量大增中寻找较好的追涨买入机会，还不如耐心留意地量之后是否即将会形成阶段性底部，继而择机逢低吸纳更加可靠。

4.2.3 BBD 指标

同花顺 BBD 指标是指对特定范围内的所有个股的大买单与大卖单，以及大单净差。它反映了市场上主力资金多空力度和方向。根据所有个股大单成交统计后分析得出的结果，能够反映大资金成交方向和力度，让普通投资者透过复杂的数据和信息，较清楚地了解到目前大资金主要是在买还是在卖，从而制定操作策略。图 4-3 为同花顺 BBD 指标界面。

同花顺 BBD 指标系统包括大盘 BBD 和板块 BBD 两大部分，分析大盘 BBD 的资金流向状况，可以对大盘的状况有一定的了解，在大盘处于可操作阶段时，分析板块 BBD 的资金流向状况，可以对当天热点板块的情况有一个较为透彻的了解。板块 BBD 又分为行业板块 BBD

和概念板块 BBD，行业板块是指证监会行业板块，是按照上市公司主营业务的属性来进行的正规分类。而概念板块是对上市公司具备的一些不时被市场炒作的热点题材所进行的一种分类。

Level-2 沪深多空趋势（BBD决策）

上证BBD　深证BBD　行业板块BBD　概念板块BBD　　操作说明　用户中心

日期选择：2017-01-26　查询　　点击代码或名称查看板块BBD

序号	代码	名称	大单总买（万股）	大单总卖（万股）	大单净差 BBD(万股)	大单净量（%）	机构动向（%）	大单净额（万元）	涨幅（%）	5日涨幅（%）	20日涨幅（%）	成交金额（亿元）
1	885598	新股与次新股	26293.87	21004.84	5289.04	4.190	11.18	58496.30	0.73	5.62	-12.14	316.05
2	885284	稀缺资源	70201.00	52400.48	17800.51	2.361	14.52	133527.39	2.30	5.65	1.10	117.93
3	885343	稀土永磁	35067.57	26974.99	8092.58	1.395	13.04	77702.45	3.06	6.78	0.10	77.82
4	885544	新材料概念	50143.00	39003.78	11139.22	1.294	12.50	74206.75	1.47	4.95	-2.10	128.13
5	885530	黄金	31056.20	24166.69	6889.51	1.227	12.48	41086.25	1.42	3.76	-1.13	56.82
6	885500	通用航空	11964.30	9879.91	2084.40	1.192	9.54	13007.41	1.17	4.34	0.91	22.06
7	885648	物流电商平台	13993.32	12209.39	1783.94	0.713	6.81	6649.22	0.40	3.42	-1.24	21.25
8	885552	小金属	49825.45	44629.37	5196.08	0.538	5.50	44290.54	2.26	5.01	-0.34	95.13
9	885376	苹果概念	5519.99	4302.91	1217.08	0.453	12.39	41013.20	0.44	4.07	-3.56	35.44
10	885413	创投	10056.34	8339.03	1717.31	0.451	9.34	8297.60	1.01	2.54	-1.57	30.09
11	885652	钛白粉	1242.66	1098.98	143.68	0.415	6.14	1412.80	0.70	5.71	-1.00	3.50
12	885428	特钢	11993.21	10974.32	1018.89	0.387	4.44	6860.83	1.73	6.55	8.86	16.73
13	885622	养老概念	4954.29	4057.38	896.91	0.332	9.95	14931.33	0.94	3.16	-3.39	21.64
14	885490	民营医院	5112.84	4219.82	893.02	0.332	9.57	13647.37	0.65	3.30	-2.46	18.53
15	885497	在线旅游	2247.62	1924.41	323.21	0.296	7.75	5415.88	0.71	2.38	-1.17	9.53
16	885527	医疗改革	10122.30	8615.09	1507.21	0.289	8.04	54875.79	0.25	2.94	0.64	53.34
17	885419	脱硫脱硝	3072.96	2788.50	284.46	0.280	4.85	4455.38	0.77	3.14	-3.21	18.16
18	885682	能源互联网	4574.01	4227.36	346.14	0.190	3.93	-20.82	0.51	2.87	-1.90	21.51
19	885580	足球概念	9597.13	9124.62	472.51	0.186	2.52	11450.60	1.41	4.02	-1.72	38.18
20	885661	医药电商	1996.86	1753.84	243.03	0.172	6.48	2848.66	1.01	2.99	-1.88	12.30
21	885734	广东自贸区	1941.96	1800.75	141.21	0.135	3.77	2289.44	0.79	3.44	-3.70	5.34
22	885617	福建自贸区	2852.37	2666.85	185.52	0.135	3.36	3249.60	0.29	3.09	-0.40	7.28
23	885615	体育产业	8135.70	7418.11	717.60	0.133	4.61	11127.39	1.01	3.93	-4.25	34.88
24	885559	超导	3501.83	3307.38	194.45	0.123	2.86	879.90	0.61	2.82	-0.71	8.76
25	885461	充电桩	7307.64	6933.00	374.63	0.122	2.63	1979.06	0.58	3.90	-3.88	41.00

图 4－3　同花顺 BBD 指标界面

BBD 系统中有几个指标项，包括大单总买（卖）、大单净额（净量）、大单动向、5 日涨幅、20 日涨幅等，只要用鼠标点击每一项名称，就可以进行降序或升序的排位。投资者可以对排名前几位的板块进行深入分析，因为，BBD 值当天的排名较为靠前，往往说明这些板块当天有较多的资金介入，是当天的热点板块，可以从中选择某一板块里各方面较为理想的个股来进行操作。

➡️【要点提示】对于市场中主要以价值投资理念投资的蓝筹股，应更多关注它们的行业板块属性，但是，对于大量流通市值较小，尤其是业绩较差的上市公司，在操作时应该更关注它们的概念题材，只有这样根据不同股票区别对待，把握其涨跌背后的逻辑，才能在实际操作时获取更大的收益。

4.2.4 顶级大单

东方财富Level-2顶级挂单是指委托挂单在9000手以上的挂单，一般都为大主力所为，通过跟踪这些挂单的委托买入、委托卖出以及撤销委托的行为，从而发现大主力的踪迹以及真实意图。在顶级大单界面下展示当日所有出现"顶级挂单"的个股，同时列出买卖方向，是"顶级买单"还是"顶级卖单"，以及挂单的价格、最新的挂单总数、挂单金额、挂单明细情况。在主界面上直接点击"顶级大单"就会看到以下界面，如图4－4所示。

在下图的顶级大单列表中，可以看到有关买卖方向、挂单时间、挂单价格、最新挂单明细、挂单总数、挂单总额、买入次数和卖出次数等各项重要信息。在众多信息中，投资者最应该看的当然是挂单总额，挂单总额＝挂单总数×股价，之前在分析资金流向时，曾经多次提到过，若是有以流通盘作为分母比值的指标的情况下，就应该尽可能地关注这种相对值类的指标。由于在顶级大单中没有这样的指标，当然就要看最能反映主力动向的挂单金额这一项了。至于为什么不能主要去看挂单总数其实道理很简单，同样挂出一个1万手的顶级大买

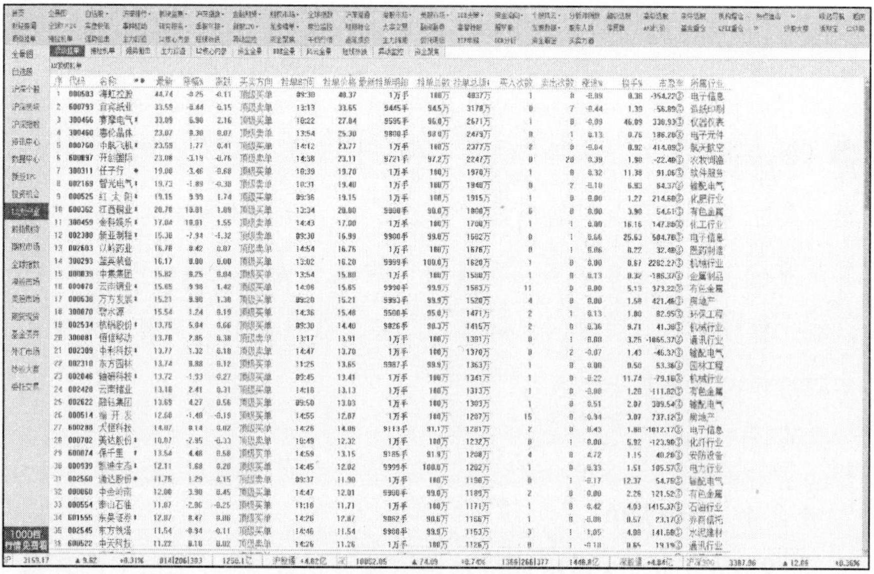

图 4-4 东方财富顶级大单界面

单,对于股价分别是 5 元和 50 元的个股来说,资金的差异就是 10 倍之多,所以,当然要以挂单总额为准才好。

需要特别说明的是,即使出现了较大的顶级大单也不一定表示该股会有较好的表现,最典型的莫过于银行股等超大盘蓝筹股,经常会有大买单出现,但是,走势往往还是波澜不惊,原因其实很简单。由于买卖这些超大盘蓝筹股的投资者中有很大部分是各种基金保险等具备很强资金实力的大机构,它们每笔的交易金额都较大,但是,相对于动辄上千亿的流通市值而言,几百万的买单也是杯水车薪,所以,要想利用好资金流向的统计功能,最好把超级大盘股排除在外,尽量选择流通市值较小的个股。

【要点提示】 在挂单总额相近的情况下,当然是流通市值越小的个股越好,这表明相对而言主力介入的金额占总流通市值的比例更大。

这里的挂单总额,当然也包括挂单总量是以逐单统计的原则进行的,即只要是挂出来大的顶级买卖单就计算在内,不管是否全部成交。比如,挂出1万手大买单,成交3000手,在顶级大单页面上会统计为1万手的买方挂单,而不会显示为3000手。下面拖拉机单的界面中有关挂单的概念也是同理。

其实,从字面意思也可以理解出来,之所以叫挂单总额,而没有叫成交总额就是这个意思。这个问题涉及Level-2数据大单统计认定的两大原则——逐单统计和逐笔统计的区别,这方面问题将在本章最后的小节进行详细阐述。

4.2.5 拖拉机单

拖拉机单是指有多笔相同数目的委买和委卖挂单,一般是同一主力所为。主力可以将大单拆成数笔同样的小单来隐藏自己的踪迹,也可以通过连续相同数目的大单来表明自己的态度。投资者可以跟踪这些拖拉机单来发现主力和判断主力的买卖方向。拖拉机单具有较明显的特征,它们通常委托的数量相同,而且委托出现的顺序十分接近。点击导航栏—拖拉机单,或点击左侧导航栏—L2大户室—拖拉机单都可以调出以下界面,图4-5为东方财富拖拉机单。

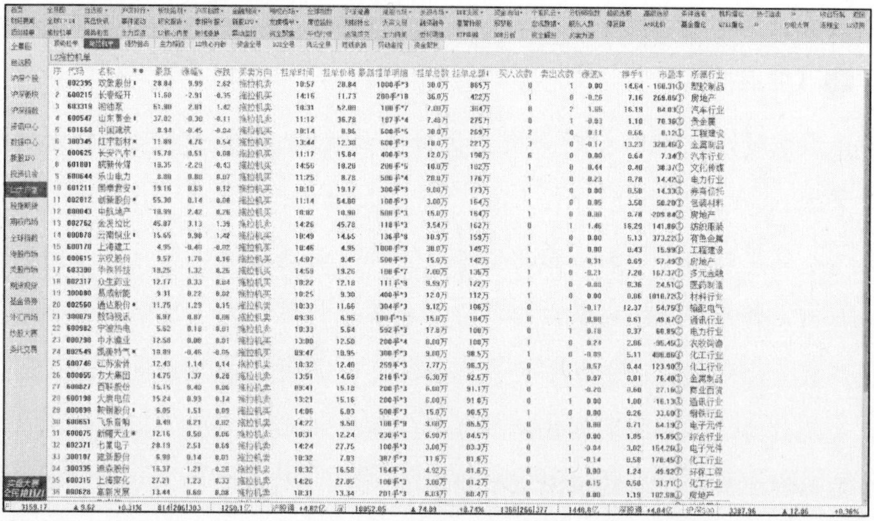

图 4-5　东方财富拖拉机单

在该界面上展示当天所有出现拖拉机单的个股，同时列出买卖方向，是"拖拉机买"还是"拖拉机卖"，以及挂单的价格、最新的挂单总数、挂单金额以及挂单明细情况，这个界面上的很多项目和上一小节的顶级大单十分相似，但也有不同，如拖拉机单的最新挂单明细和顶级大单的最新挂单明细不同，拖拉机单的最新挂单明细的格式是单笔委托数×批次数，从上图中可以看出，最小的挂单都是100手，因为，若一笔交易数量太小的话，从佣金的成本上计算就不合适了，而大的有1000手的。此外，就是委托批次数量了，也就是投资者是分几次委托的，在上图中最少也是3次，多的达到了15次。

拖拉机单往往是资金较为雄厚的主力发出的，正常情况下，普通投资者要介入股票是会一次委托的，主力之所以将大单拆成小单，主要目的就是为了不引起市场中其他投资者的注意和跟风，以便能继续在较低的价位收集更多的筹码。当然，若是拖拉机大卖单出现，往往就是想要出货，为不引起市场的恐慌才化整为零地进行卖出。

➡【要点提示】不管是出现了顶级大单，还是拖拉机单，也不管挂出的是大的买单，还是大的卖单，若是从相关信息中发现挂单没有全部成交，或者只成交了很小一部分，就要认真查找原因，看究竟是撤单了，还是很自然的市场化交易行为所致，继而才能较准确地判断主力的意图。简单地说，没有撤单的挂单往往就是主力真实意图的体现，相反，挂出后就快速撤单，那么，投资者就不能盲目相信了。

判断这一点其实并不困难，只要用同花顺的超级盘口功能，依据东方财富显示的顶级大单，或是拖拉机单的挂单时间，将鼠标移到该时间附近，看看那时挂出的大买（卖）单的具体交易情况即一目了然。在本章中重点也是介绍了同花顺和东方财富这两款 Level-2 行情数据软件，两者可以说是各有特色，投资者最好依据各自特点，互补使用效果会更好。

4.3 综合特色功能

Level-2 行情的特色功能可以分为以十档（千档）行情、买卖队列、逐笔成交为代表的最基础特色功能，以及上面所介绍的各种与资金流向相关的特色功能。而除去以上两大类以外的一些特殊功能，均可以归为综合特色功能的范围，其中主要包括超级盘口、形态选股、L2 核心内参等。这些功能涉及选股分析和信息的有效收集统计的范畴，继而使得 Level-2 行情数据具备了更全面、更强大的实用性。

4.3.1 超级盘口

上文介绍了东方财富较有特色的买卖委托分拆的功能，这一功能在该软件上被归为超级盘口中的一个功能。而下面介绍的是同花顺Level-2行情中的超级盘口功能，这一功能同样也是非常有用的。首先，虽然所有的Level-2行情都会将逐笔成交显示出来，但是，由于在交易时间里数据量极其庞大，投资者即使一直盯盘，也可能会错过很多委托和成交信息，而同花顺超级盘口的当天历史回放功能具有相当实用的价值，只要没有超过晚上12点，投资者都可以查看当天任何时间的详细委托和成交情况，这无疑对分析决策具有莫大的帮助。

其次，一般Level-2行情软件也有通过查看逐笔成交的功能来了解之前的逐笔成交，但这种以列表的方式呈现有两个缺陷：一是查询起来不太方便，二是只能查看逐笔成交，不能查看当时买卖双方的买卖挂单情况，这对于及时准确分析个股多空力量对比是不利的。而同花顺的超级盘口功能是以走势图的方式来展开的，只要移动鼠标到相

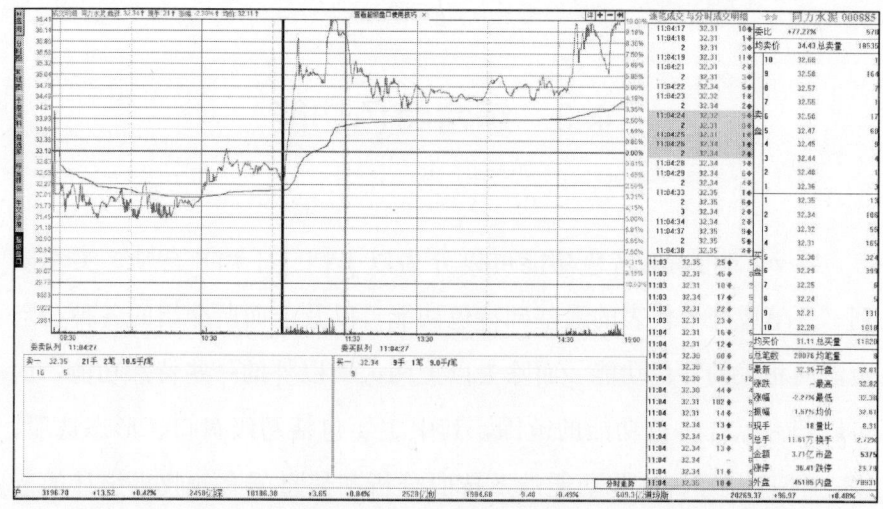

图4-6 同力水泥同花顺2017年2月10日11点4分27秒的超级盘口

应位置，就可以看到当天任何时点的逐笔成交和当时的报价成交区所有的买卖委托信息，而且，还可以看之前 4 天任意时间的买卖委托报价明细，可见其功能十分强大，使用也很方便。图 4－6 为同力水泥（000885）同花顺 2017 年 2 月 10 日 11 点 4 分 27 秒的超级盘口。

如图所示，同力水泥当日从开盘到 11 点左右大体经历了三个阶段：第一阶段是从开盘到 10 点 12 分的最低点，处于调整阶段；第二阶段是从 10 点 12 分反弹到 10 点 39 分的 33 元；第三阶段是从 10 点 39 分到 11 点 3 分，处于回落阶段。那么，之后的走势究竟会怎样走呢？分析的关键点在哪里呢？答案就是持续观察买卖挂单的变动情况，从中找出趋势的转折点。

首先从同力水泥的日线图就知道该股是典型的走势活跃的短线强势股，一般这样的股票盘中的波动较大，只要选择好买点，当天就可能会有不错的收益。再看从 10 点 39 分到 11 点 3 分的下跌回落阶段用时 24 分钟，短期的调整时间已经比较充分，再加上股价距离分时均线也较近了，因此，只要随后发现下方的支撑较为强劲，那么，就很可能构成阶段性的短期底部。从上图的 10 档卖出委托单可以发现，除了最大的两档卖单分别为 164 手和 68 手以外，其余 8 档的卖盘全部在 10 手以下，对于一个有 4.27 亿流通盘的活跃强势股来说，这样的卖盘说明抛压已经很弱了，只要出现较大的买盘股价就很容易上升。

其次，就来看看同力水泥下方的支撑力度，从该股当时 10 档的买单委托来看，有 6 档买单数量超过了 100 手，其中最大的是买 10 位置的 32.2 元的 1018 手，其次是买 6 位置的 32.29 元的 399 手。显然，在成交价为 32.35 元时，买方的支撑要远远强于卖盘。通过这个例子，就知道 Level-2 行情是多么的重要了，因为，上面介绍的 10 档买盘中最大的买 10 位置的 32.2 元的 1018 手和买 6 位置的 32.29 元的 399 手这两个大买单,尤其是买10处的1018手大买单,在普通行情上是看不到的,普通免费行情只能显示5档行情。当然,仅看到这些还无法作出下方的支撑已经很强的结论,但是,只要移动鼠标,就可以发现在10点39分下跌以来的20多分钟里,也不时会有几百手的买单出现。

虽然,已经认为同力水泥应该即将启动,但是,为了保险起见也可以再观察一下,那就再看随后1分钟的11点5分33秒同力水泥超级盘口的委托挂单情况。图4-7为同力水泥同花顺11点5分33秒的超级盘口。

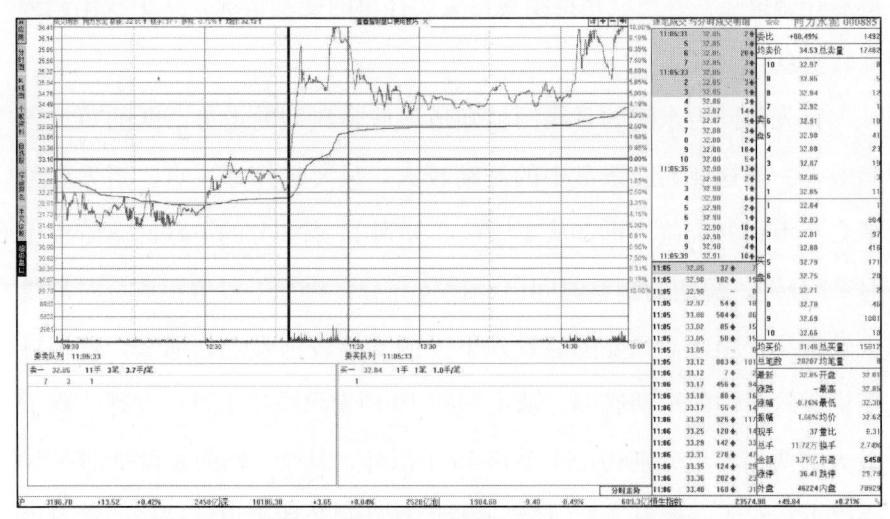

图4-7 同力水泥同花顺11点5分33秒的超级盘口

同力水泥在11点5分33秒的10档卖出委托都是在40手以下,而10档买入委托中分别有32.83元的904手、32.8元的416手和32.69元的1001手。显然,买方的力量远远强于卖方,结合该股从9点30分开盘以来一直处于震荡趋势,调整时间也较为充分,最近两分钟大买单频频出现,主力机构即将拉升的意愿较为强烈,因此,此时就是较好的买点。而随后同力水泥快速上扬,从启动前下跌2.4%仅用 20 分钟就拉到了涨停的位置，盘中虽然有较大的震荡，但是收盘时依然接近涨停。

> 【要点提示】在所有特色功能中，笔者最欣赏的就是同花顺的超级盘口这一功能，有了这样的功能，只需将鼠标移到当天之前的任何时间点，就可以精确地再现当时的买卖逐笔成交和买卖挂单信息，这对投资者全面分析个股当天的走势具有其他任何指标都无法替代的作用。
>
> 在观察分析超级盘口时，最理想的状态是出现过至少两次的真实大买单，或是至少出现过一次真实大买单和一次大卖单被迅速吃掉的情况，因为，大买单反映出低位的支撑强度，吃掉大卖单反映主力不惧怕抛压，以及是否急于拉升的实力和意愿。而且，吃掉大卖单所用的时间越短越好，这说明多头介入的意愿和实力的强烈程度，当然了，吃掉大卖单的位置越低越好，介入的价位低，面临的风险自然也就更低了。

下面就来看一下吃掉大卖单的盘口情况，图 4－8 为同力水泥同花顺 14 点 35 分 3 秒的超级盘口。

在同力水泥同花顺 14 点零 35 分 3 秒超级盘口界面上，可看到当时在 34.98 元处有 6109 手超级大卖单，而且，从左下方的委卖队列可以看出这 6109 手还只是一笔委托，可见之前同力水泥走势超级强劲是有原因的，因为有超级主力的介入。之所以这么说，只要算一下就明白了：由于不知道主力具体的介入成本价，就以前一天的 5 日均线 31.63 元来估算，$6109 \times 100 \times 31.63 = 19322767$，也就是说，之前至少有一家主力就买了近2000万。目前这样的大资金要出逃了，但当天同力水泥的走势良好，之前还曾快速冲击过涨停，虽然涨停被打开出现了较大幅度的回落，但也不排除收盘再次封死涨停的可能，面对这样的矛盾状况究竟应该如何决策呢？

图4-8　同力水泥同花顺14点35分3秒的超级盘口

其实，问题的关键在于是否可以突破35元的强大阻力位，若能突破，当天是有可能再次冲击涨停的，若是不能，那么很可能在后续20多分钟还会继续回调。之所以说突破35元是重要的转折点，主要有两个原因：一是若不看卖单，只看分时图的话，可以发现当时就处于前期35元和34.97元这两个十分相近的阶段性高点的阻力位，取高点作为最终突破位就是35元；二是由于在34.98元上有6109手的超级大卖单，如果突破34.98元之后，就说明有更强大的买方支持股价继续上行，而且，由于在上午同力水泥曾经从下跌2%左右仅用20分钟就拉升到涨停，那么，有理由相信，只要后续将34.98元的超级大卖单吃掉，该股就有可能冲击涨停，毕竟离涨停也就4%左右的空间了。

图4-9为同力水泥同花顺14点35分51秒的超级盘口。

图4-9　同力水泥同花顺14点35分51秒的超级盘口

从14点35分3秒到51秒,在这短短48秒时间里6109手卖单就只剩下1287手了,可见买盘介入意愿的强烈和实力的强大,因此,若是之前还没有在低位介入的投资者,在34.98元处只剩下1000多手时,可以打高价格快速委托买入,因为不能再等了,通常这样的情况一旦超级大卖盘被多头吃掉,大量的短线投资者就会积极介入,突破重要阻力位之后几分钟往往涨速是很快的,因此委托时必须考虑一个提前量。果不其然,同力水泥在突破34.98元之后2分钟就快速上涨至接近涨停,而且最后以接近涨停价收盘。

通过对同力水泥超级盘口买卖委托和成交的系统分析,大家是不是觉得该股当天的走势相当良好,可能还会认为该股次日会继续大涨?但是,事与愿违,同力水泥次日就以大跌6.49%开盘,而且全天走势疲弱,收盘还封死在跌停板上。要搞清楚为什么会出现这样的走势,仅盯着分时图是无法得到答案的,必须观察该股的日线图,图4-10

为同力水泥2016年12月～2017年4月的日线图。

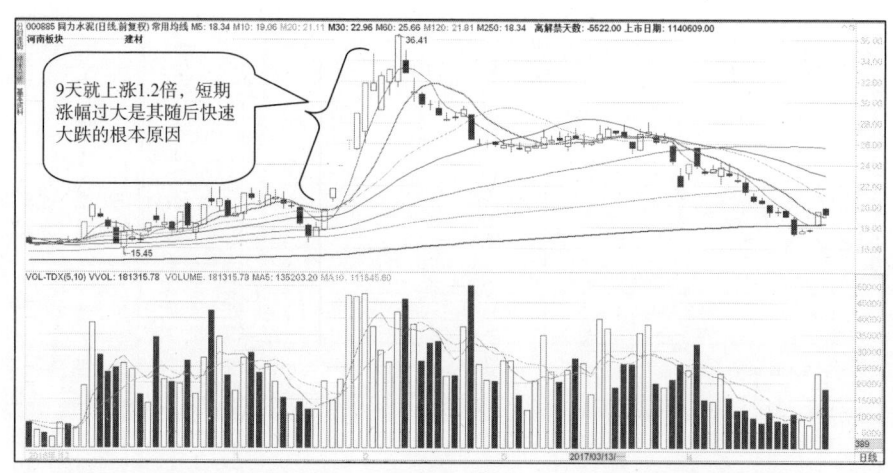

图4-10 同力水泥2016年12月～2017年4月的日线图

看到这样的结果很多人可能都觉得难以理解，其实，虽然同力水泥次日的走势有一些出乎意料，但是，对于有丰富题材股炒作经验的投资者来说，也算是有一定心理准备的。之所以这样讲，是因为他们很清楚，选择什么样类型的股票进行交易，自然要承受相应的风险，题材股的特点就是股性活跃、波动大。同力水泥之所以在冲击涨停之后的次日以跌停收盘，从技术角度来说，由于前一天多次冲击涨停在收盘时也没有涨停，使得很多当天介入的短线投资者做出该股上涨人气已经趋弱的判断，因此，在次日有大量的投资者选择抛售，直接导致此股开盘就大跌。这种前一天冲击涨停未果，次日大跌的情况在市场中也并不少见。

同力水泥的波动很大，股价也处于历史高位，为什么会上涨到36元多的原因尚不清楚。要是没有脱胎换骨的实质性题材的支撑，以该股微不足道的每股收益和水泥行业的属性，该股后续大幅回落，进行价值回归是早晚的事情。显然，不管当天的分时走势表面上看起来有多好，对于股价明显背离业绩，以及短期涨幅很大的个股还是要保持谨慎，这样的个股若是实在想要参与最好也只用很小的仓位，任何股票在严重脱离其基本面或是在短期暴涨之后介入，通常都会面临较大的风险。尤其是像同力水泥这样在9天已经暴涨1.2倍的情况更是如此，而且，每股收益仅为几分钱，市盈率高达几百倍的短期暴涨股的风险就更大了。

本例中同力水泥在上午11点5分32元多出现连续两次大买单就介入是最佳买点，而在14点之后突破35元的买点由于相对于当天走势股价已经处于较高的位置，此时介入是要冒较大风险的，实际上即使是同力水泥次日以34元大跌开盘，那么，在前一天接近33元位置买入的投资者还是有利可图的，而在35元左右买入的投资者就要承受亏损的后果，因为，该股次日最高也才34.98元。

之所以在这里一同列出来加以说明，主要是为了方便讲述如何通过超级盘口来重点分析吃掉大卖单前后的分析技巧和分析逻辑，并不是强调对于该股中长期趋势来说这是一个较好的标的和买点，因此，即便是在分时图上出现了上面分析到的一些有利因素，谨慎的投资者在该股处于相对高位时也应该放弃介入。

这个例子也提醒投资者，分析股票是有先后顺序的，首先应该看当前的大环境适不适合买股票，其次，最好选择最近的强势板块中的个股，而且，关注个股重要的是看该股的日线图的大趋势如何，在大趋势没有很大问题时才去观察当天的分时走势，以及买卖挂单、逐笔成交等更细节的方面。若是本末倒置，无视大形态的分析，那么，很容易导致像同力水泥这样的情况发生。

此外，这里所指的强势股也不是让大家等到股价已经上涨很高了才去介入，在个股刚启动不久、涨幅不是很大的情况下考虑介入为好。

若所处的位置过高,尤其是和该股的基本面严重脱离的个股最好放弃。

任何事物都不可能十全十美,必然有其局限性,Level-2 行情数据也一样,虽然它的确有很多优点,但是,也应该将它最大的短板明确地告诉大家,否则,只讲好的方面而有意回避不利的一面,既不是一个科学的态度,也是对投资者或读者的不负责任。

【要点提示】 股市投资最重要的是有大局观,只有在把握了更大一级趋势的前提下,去寻找更加精准的买卖时点才有意义,正所谓看大势才能挣大钱。

虽然 Level-2 行情可以提供远比普通行情多得多的信息,对更准确全面分析股市大有帮助,但它也只是对于决策分析的一个有益的补充手段,在判断较大级别行情趋势上的作用和普通行情没有太大的区别,其优点更多体现在对具体买卖时机的把握上会有较大的帮助。即便如此,要想作出较为准确的判断,也应该长时间地密切关注,不能仅依据几个价位或是几笔交易的状态就盲目作出判断。

4.3.2 形态选股

同花顺 Level-2 行情的形态选股功能是一个比较实用的功能,主要目的就是选出与使用者所指定的品种在走势上相似度较高的个股。由于选择的标准因人而异,因此具有极大的灵活性,只要用鼠标选中某只股票一定区间的 K 线,再设置好相似程度的百分比和相似内容选项,就会马上显示选出的若干类似走势的个股,如果选不出个股或是选出的个股数量过多,只要重新调整参数就会达到使用者的预期。

下面举例说明具体的使用方法,图 4—11 为天山股份(000877)形态选股界面。

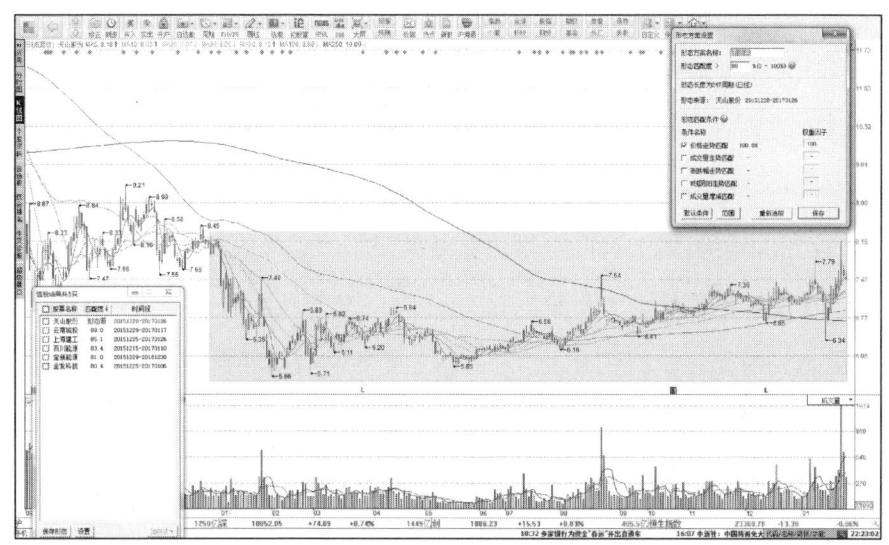

图4-11 天山股份形态选股界面

比如使用者想选出类似天山股份这样走势的个股，首先考虑的就是选定多长时间的走势来作为对比标准，这是形态选股是否运用得当的关键。因为，要是选定的时间过短，那么，符合条件的个股往往会很多，这样既难以达到预期，又很浪费时间。相反，要是选定的时间较长，那么，选出的股票往往很少，甚至一只都选不出来，所以，怎样选择指定时间其实还是很考验人的。

对于选定基准时间通常是依据不同形态出现概率的大小来确定，具体地说就是市场中存在概率较高的形态就可以适当选择较长时间，市场中不太常见的形态就尽量选择较短的时间。当然，可能有人会说，我真的对哪种形态出现的概率高低没有任何概念，其实，即便如此也没有什么大不了的，最多就是多试几次而已，一次出来了发现结果不符合预期，那就马上调整相应参数再选股即可，反正选股计算是很快的，通常半分钟左右结果就出来了。

从上图中选股的结果一共 6 只,这样的结果是比较理想的,一般来说,将选股的数量控制在 3~20 只之间较好。如果结果不符合预期,那么,点击选股结果框下方的设置选股,就会出现上图右上角那样的选股设置界面,在这些参数中,如果之前的选股结果不符合要求,首先应该对形态匹配度的百分比值进行修改,想要减少选股数量就增加百分比值,想要增加选股数量自然就要降低该值了。

在设置界面从上到下依次排列着价格走势匹配、成交量匹配、涨跌幅走势匹配、K 线阴阳走势匹配、成交量增减匹配这几项,而且,在每一项的后面都可以设置所占整个选股条件的权重。通常情况下系统默认的就是第一项的价格走势匹配,只要调整这一项的数值就可以达到增减选股结果的效果。当然,要是选定的形态对成交量有较高的要求,就应该同时添加上成交量方面的匹配。

4.3.3 L2 核心内参

进行投资决策的依据有很多,但是,对大盘整体状况进行分析应该是排在第一位的,虽然,每天都有一些强势个股出现,但是,从较高的安全性和可操作性而言,分析的顺序一定是先大盘,再板块,最后才是个股。因为当大盘环境不好,或是缺乏板块效应的情况下进行个股操作,成功率往往很低。

这个交易原则简单来说就是在大盘处于可操作阶段时,关注当天的主流热点板块,若是该板块走势具备较强的联动性和可操作性,那么,就从中选择相应的个股进行操作,当然,应尽量选择走势在该板块中处于前三位的龙头股。东方财富 Level-2 行情数据的 L2 核心内参就是对市场整体状况中一些主要方面进行归纳分析的典型,包括大盘分析、沪深股通、资金关注行业、涨停解密、部分涨停驱动动力解密、主力雷达和未来大事提醒等内容，下面将其中较有特点的内容介绍一下。图4-12为东方财富沪深股通和资金关注行业。

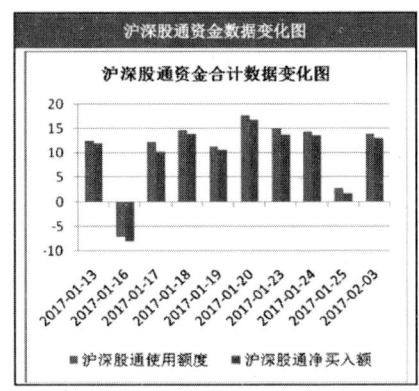

图4-12 东方财富沪深股通和资金关注行业

图 4-13 为东方财富 L2 核心内参涨停解密。

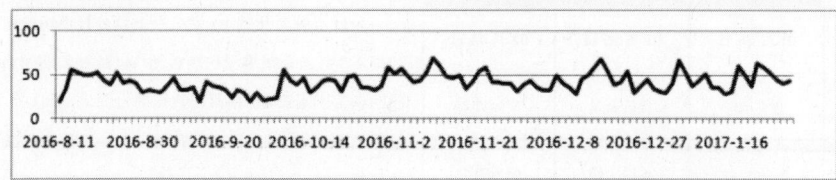

图 4-13　东方财富 L2 核心内参涨停解密

图 4-14 为东方财富部分涨停驱动力解密。

部分涨停驱动力解密如下:

代码	个股名称	涨停时间	涨停驱动力解密
其他涨停分析			
002451	摩恩电气	9:25	**控股股东拟 10 亿元转让 10%股份。**公司控股股东、实际控制人间泽鸿以协议转让方式将其持有的公司 43,920,000 股股份(占公司总股本 10.00%)转让给融屏信息。转让价款总额为人民币 100,000 万元。
002721	金一文化	9:42	**避险需求大增,黄金现货走高。**2 月 2 日上午,现货黄金震荡走高,升破 1215 美元关口,最高升至 1216.42 美元/盎司,涨幅扩大至 0.58%。特朗普签署行政命令,禁止 7 个主要穆斯林国家的移民进入美国,这引发政治动荡,催生了避险需求。
300466	赛摩电气	9:48	**摩恩电气年度高送转预案拟 10 转增 20 股派 0.3 元。**赛摩电气公告,公司实际控制人厉达提议 2016 年度利润分配向全体股东按每 10 股派发现金股利 0.30 元人民币(含税),同时以资本公积金向全体股东每 10 股转增 20 股。
000038	深大通	10:23	**业绩预增+高送转。**深大通拟以 2016 年 12 月 31 日总股本为基数每 10 股转增 6 股。2016 年度预计实现净利润 2.2 亿元至 2.6 亿元,上年同比净利润 593 万元。
002046	轴研科技	10:24	**业绩改善+收益集团混改。**公司预计 2016 年 1-12 月份归属于上市公司股东的净利润 0.00 至 3000 万元,同比增长 100.00%至 116.82%。另外,2017 年将是混合所有制改革落地之年,公司是国机集团系个股,有望受益于集团混改。
600698	湖南天雁	11:04	**兵器装备集团已制定混改试点初步方案。**公司主要从事废气涡轮增压器、发动机进排气门、高铁冷却风机等发动机零部件的研发、生产和销售。中国兵器装备集团公司为其实际控制人,持有湖南天雁 24.20%股份。
000791	甘肃电投	13:49	**甘肃分类分层推进国企改革。**甘肃省十二届人大六次会议上,甘肃省省长林铎在政府工作报告中提出,2017 年甘肃将持续深化国资改革,通过重组整合,打造能够有效参与国际竞争的大型企业集团。
002552	宝鼎科技	14:14	**南北船合并箭在弦上。**2017 年船舶领域混改有望率先落地,中船集团混改试点实施方案近期或批复出台。此外,在去产能大背景下,南北船作为国内船舶行业龙头,合并预期不断升温。
300427	红相电力	14:22	**军民融合将进入加速执行层面。**中共中央政治局近日召开会议,决定设立中央军民融合发展委员会。中央军民融合发展委员会是中央层面军民融合发展重大问题的决策和议事协调机构,统一领导军民融合深度发展,向中央政治局、中央政治局常务委员会负责。
			拟 7.2 亿元收购能源产业公司。公司拟通过发行股份和支付现金的方式作价 5.32

图 4-14 东方财富部分涨停驱动力解密

图 4-15 为东方财富主力雷达和个股大单动向。

三、L2 主力雷达

【L2 主力雷达】基于东方财富终端的研究报告数据库,监测券商等机构发布的个股研报中分析师首次(或调高)给予买入评级的个股,并结合 DDE 决策系统,运算得出基本面、技术面俱佳的个股放于栏目中,供投资者阅读、参考!

股票代码	股票名称	最新价	涨跌幅	研报发布机构	研报目标价
今日无符合入选条件个股					

说明:栏目中提及个股的相应研报,可在研报中心(快捷键:YBZX)查看

四、个股大单动向

跟踪个股—DDX 连续飘红

序号	股票代码	股票名称	收盘价	涨幅(%)	连续	5日内
1	000514	渝 开 发	12.44	-1.89	33	5
2	600715	文投控股	23.25	-0.21	23	5
3	600066	宇通客车	20.20	-0.30	21	5
4	002836	新宏泽	43.98	-0.25	21	5
5	600666	奥瑞德	28.79	0.21	16	5
6	300588	熙菱信息	32.70	9.99	13	5
7	603800	道森股份	35.32	-0.08	11	5
8	603039	泛微网络	55.67	10.00	11	5
9	300591	万里马	15.27	10.01	11	5
10	300589	江龙船艇	23.67	9.99	11	5

沪股通 +6.88亿 深 10004.84 ▼47.21 -0.47% 594 270 1145 1321.3亿 深

图 4-15 东方财富主力雷达和个股大单动向

如以上所示,L2 核心内参内容涵盖了大盘市况分析、资金关注的重点行业、有关涨停个股的统计数据和部分涨停个股大涨的原因,以及资金流向靠前的个股统计等,涉及每天市场上最应该关注的基本方

面，全面了解这些，尤其是进行持续的跟踪对比分析，对于提前掌握市场短期趋势的转变和把握热点龙头个股会有很大的帮助。

4.3.4 逐单统计与逐笔统计的区别

目前市场上最主要的股票分析软件包括通达信、同花顺、大智慧和东方财富，当然，它们都有收费的Level-2行情数据服务，而且主要指标都是建立在对大单资金流向统计基础之上的。但是，在具体统计时却不尽相同，因为它们分别遵循的是不同的统计原则，其中主要包括逐单统计和逐笔统计这两种方式。下面就以大智慧和同花顺为例，来简单说明一下这两种统计方法的区别。

同花顺Level-2行情数据的DDE在前面已经详细介绍过了，在这里就只介绍一下大智慧的DDE，大单动向基于大智慧Level-2的逐单分析功能，是一个短中线兼顾的技术指标。大智慧决策系统包括DDX、DDY和DDZ这三项指标。

DDX（大单动向指标）：红绿柱线表示当日大单买入净量占流通盘的百分比（估计值），红柱表示大单买入量较大，绿柱表示大单卖出量较大，DDX1是大单买入净量60日（参数p1）平滑累加值占流通盘比例，DDX2和DDX3是其5日（参数p2）和10日（参数p3）移动平均线。

DDY（涨跌动因指标）：涨跌动因指标基于大智慧新一代的逐单分析，逐单分析是对交易委托单的分析，涨跌动因是每日卖出单数和买入单数差的累计值。委托单的数量，反映了交易参与者的众寡。

DDZ（大单差分指标）：红色彩带表示大资金买入强度，色带越宽、越高表示买入强度越大。当彩带突然升高放宽时往往预示短线将快速上涨。对大单质量的评价，反映大资金的实力。

先说大智慧DDE和同花顺DDE的区别。两个软件都有DDE的功能，名称相同，作用也比较相近，不过实质内容却有很大的不同。由于大智慧和同花顺对大单的认定和统计的方法截然不同，组合计算反映到DDE上自然就会发生变化，两者的结果也注定不会一致。

使用同花顺的最好不要借用大智慧一类的DDE数据，两类数据可以互相参考，但是无法以某一种数据为标准，去验证另一种数据是否准确。在同花顺里主要就是大单净量、散户数量和大单金额等指标，不会有DDX、DDY、DDZ等指标。

在大智慧的逐单统计和同花顺逐笔统计的对比分析应用过程中，会发现大智慧的DDE与同花顺主力资金流向数值有差异，其原因是大智慧采用的是逐单统计，而同花顺主力资金指标则采用了逐笔统计，也就是说二者的计算方法不同，自然会导致二者在资金流向的统计上存在差异。

那什么是逐单统计和逐笔统计呢？逐单统计是按成交委托单资金流转情况来进行统计，特大资金买卖差＋大单资金买卖差＋中单资金买卖差＋小单资金买卖差＝0，是双向统计的结果，对每一单交易同时统计买卖双方。这种统计方法一定程度上反映出资金在不同资金类型之间的转移，主力资金的筹码收集或者发散状况。

逐笔统计就是逐笔对成交情况进行的资金流向统计，是按外盘（主动买盘）总量减内盘（主动卖盘）总量的差来统计的结果，反映的是买卖的意愿与趋势，总成交额＝外盘＋内盘。可见，这种逐笔资金统计的方法在一定程度上可以反映出市场实际成交资金动态。

大智慧的DDX采用的是逐单统计方式，统计的是按委托单来划分的成交量，具体应用则可划分特大单、大单、中单、小单。同花顺的大单净量采用的是逐笔统计方式，统计的是实际成交了的大单主动被动买入与大单主动被动卖出的逐笔净差值。

大智慧与同花顺的大小单区间划分是不一致的，相对来说，大智慧大单区间比同花顺的大单区间要大些，对大单金额股数要求更高些。这也是导致二者主力资金数据差异的一个原因。了解这一点，使用者就不会对同一只股票的大单金额及占比等指标在不同软件上显示出不同的结果而感到疑惑了。

逐单统计作为双向统计，不论主动性与被动性都是要被统计的，也就是说，即使不是主动砸出来的，就算是委托挂出来，只要成交了就是要被统计的。比如委托挂单买50万，实际成交了2万，在逐单统计中也是按特大单买进2万，而不是按小单买进2万来统计的。

逐笔统计则是统计实际成交了的大单主动、被动买卖的逐笔数据。逐笔大单差为正，就表明主动性大买单多，不会去计算委托单的多少。比如：委托挂单买50万，实际成交了2万，在逐笔统计中是按实际成交了的2万计算，也就是将这2万元的交易按小单买进统计的，挂出的50万委托单不在统计范围之内。由于交易所并没有公布实时及盘后的个股资金流向数据，各家股票软件的资金流数据也是以自己设置的标准来自行计算的，因此，若是出现数据上的差别也是很正常的。

通过以上的介绍，可以看出逐单统计能够较好地判断出市场各区间筹码的转换状态以及主力的真实意图的变化等。而逐笔统计主要用于统计实际成交的资金，继而判断主力资金拉升的意愿和实力等。至于哪种统计方式更好，很难有定论，应该说两种统计方式各有千秋，最好综合分析研判，互相补充使用。

比如最常见的一种现象，就是当大盘处于下跌阶段时，主力往往会顺势打压，实际上是为了更好地暗中吸筹，以便拿到更廉价的筹码。为此，主力会通过日线图的K线形态、分时图以及成交量等各方面有意做出较为不利的形态，刻意制造恐慌气氛，让不明就里的投资者内心受到严重冲击，对持有的个股失去信心，继而纷纷抛售。在这种情况下往往会显示主卖远多于主买，而主力则暗中布单，采取被动式吸货方式，从逐笔统计的大单净量来看就呈现出主力净流出；而从逐单统计的主力动向来看则显示出主力在增仓。

聪明的主力会最大限度地根据各种交易规则以及统计规则，进行有利于自己的委托挂单和交易。要想较好地掌握主力的动向，识别其骗线诱导，首先应清楚各自交易规则和股票分析软件的数据统计规则。

在什么情况下应该更注重哪一种统计方法，其实也是有基本原则可循的。一般来说，在大盘环境不是很明朗，或是市场处于较为低迷的阶段，对最近关注的个股在逐单统计方面进行持续观察，往往可以发现主力对该股未来是看空还是看多的态度，这样有利于投资者决定自己的操作策略。

而在大盘处于明显向好的情况下，除了一些有重大利好或是利空消息刺激，或是走势明显较为极端的"妖股"以外，对那些市场中和大盘走势差异不大的多数个股更多依据逐笔统计来持续观察实际介入个股资金的大小和变化趋势可能会更好一些。因为，在此种环境下，即使不时有一些主力会出现撤单骗线等行为，但是，大的趋势往往不是某一个或是几个主力可以轻易改变的。

这里所指的和大盘走势上差异不大的多数个股，主要是指个股在阶段性高低点出现的时间和相应大盘的阶段性高低点在时间上较为相近，当然，在具体涨幅上即使相差很大也无妨。之所以确定这样的标准，重点是放在见底或见顶在时间上的一致性，而不去限制一定要和大盘的同期涨幅接近，是因为个股股性的活跃程度往往差异巨大，不适合确定具体的标准。

➡【要点提示】本小节所讲的逐单统计和逐笔统计与所有Level-2行情数据所具备的那个最基本的逐笔成交是两个概念，大家不要搞混淆了。逐单统计和逐笔统计是针对大单统计标准划分的；而逐笔成交是Level-2行情数据显示时对于所有成交均真实还原为每一笔的交易数据，和大单与否没有丝毫关系。逐笔成交主要是与免费版每次刷新数据是将一定时间内所有成交数据进行汇总显示交易价的方式相对应，继而充分显示出Level-2行情数据的优越性。

综合市场中多种常用股票软件的不同特点，笔者强烈推荐使用通达信官网下载的版本作为第一优先使用的股票分析软件，重点用于大盘、自定义板块等各种常规分析及各种盘后分析；在交易时间段，同时使用同花顺或是东方财富最基础的Level-2收费版本进行市场热点的分析，以便快速捕捉市场热点和龙头股；而每天开盘前必须了解的公司各方面的资讯，更多只需要在东方财富的网站上就可以看到了。

第5章 横向统计技术分析指标的强大作用

大家都清楚,要想做好股市投资,就必须高度关注大盘的走势,因为在一般情况下,大多数个股的高低点和大盘阶段性高低点出现的时间基本趋同,只要你能够较为准确地预测出大盘阶段性高低点,那么,随机买几只股票通常也会获得一定的收益。

但是,市场中也经常会出现大盘走势和个股活跃程度相背离的情况,这种背离分为两种情况:一种是大盘指数持续上涨,表面上看起来没有什么异常,但是,市场中涨停的家数、封死涨停的比例均比前一段时间大幅的减少,市场的炒作热情明显降温。有时候同时还会出现分时跌停和大幅下跌的个股明显增多。若是大盘在之前上涨了较长时间,也有一定的涨幅了,那么,此种背离情况很可能预示着大盘不久将会进入下跌阶段。

另一种背离情况刚好相反,就是大盘从高位持续下跌虽然还没有明显企稳的迹象,但是,市场中涨停的家数和封死涨停的比例均比前一段时间出现了较为明显的提高,若是跌停或是大跌的个股的数量较前也明显减少,尤其是短期也经历阶段性的重要支撑位的情况下,那么,此种背离情况很可能预示着大盘不久将会进入反弹上涨阶段。

通过个股的活跃程度与走势的背离来提前预测大盘未来的走向，具体应该如何实现呢？这就涉及本章的核心内容了，要想实现这样的功能，只有横向统计技术分析指标才能做得到。

5.1 横向统计技术指标

所谓横向统计技术指标，简单地说就是对市值中指定范围内的品种，按照设定的条件，对达到条件的个股所占全部统计样板比例进行计算输出的指标。这些指标有一个突出的特点，都是依据设计者的不同理念，反映的是特定统计范围内品种达到条件的个数或是比例的变化趋势，也就是说，是反映统计样板的整体趋势变化。这个平台指标反映的意义往往是不同的，比如，KDJ 和 RSI 等指标，大家知道在 80 以上往往容易见顶，在 20 以上往往容易见底，但是，计算的标的是唯一不变的，就是使用者目前分析图显示的那个品种。而横向统计指标的输出值就大不一样了。比如，在下面将会最先介绍的涨停统计指标，该指标每天都会显示当天有几只个股收盘涨停，而且，每天显示的个股往往都是不一样的，因为，每天涨停的个股基本上 90% 以上的概率是不一样的。也因为这一点，这些横向统计指标就充分具备了敏锐反映市场人气强弱，为投资者提供最佳的操作策略的重要作用。

大家熟悉的 MACD、KDJ、BOLL 等常用指标都不属于横向统计指标，它们都是仅针对单一品种的计算，比如，你切换到上证指数界面，该指标只会对上证指数输出结果，而你切换到浦发银行，那么，该指标就会针对新的品种输出不一样的结果。但是，笔者建立的横向统计指标，不管主图界面切换到什么交易品种，都不会导致横向统计

指标发生变化，因为这是针对整个特定方框对于历史数据的输出结果，当然就不同于常规的技术指标了。在常用技术指标中，只有 ADR 指标（涨跌比率）和 ADL（腾落指标）属于横向统计指标，它们都是围绕着当天上涨和下跌个股的比例来计算的，自然可以在一定程度上反映出市场人气强弱的变化。由于 ADR 和 ADL 这两个指标的作用和显示效果较为趋同，因此，笔者在《快速入门到精通》一书中，专门详细论述了如何通过 ADR 指标的走势来提前预判大盘即将见底或是见顶的技巧，在此就不再赘述了。

既然已经有了 ADR 和 ADL 这样可以反映市场人气状况的指标，那为什么笔者还要用一章篇幅来介绍一些其他的横向统计指标呢？答案当然是因为那些指标具有较大局限性，远远不能满足日常分析的需要。虽然通过每天上涨家数与下跌家数的比例，的确可以在一定程度上反映市场人气的高低，而且那些指标是以是否比前一天上涨作为判定基准的，这种计算方法在市场人气明显逆转的情况下和本章介绍的大多数其他横向统计指标，都会显示出类似的预判趋势和指导意义。但是，只是依据上涨与否作为分析基准，显然这样的标准定得过低了，很难为短线投资者提供较好的操作指导作用。

比如，大盘之前出现一定程度的下跌，通过 ADR 指标和大盘走势的背离显示最近有可能会反弹，但是，由于大盘的中期趋势已经逆转，判断这次反弹的力度应该较弱，在此种情况下，投资者要是挑选不好个股，就会呈现赚了大盘指数而赔了个股的情况。像 ADR 这种指标在市场整体人气状态变化不明显的情况下，运用起来效果就比较差了。因此，自然需要反应更加敏感和更有针对性的横向统计指标来弥补它们的不足。

>【要点提示】若是不懂得灵活使用 ADR 指标的投资者，强烈建议应该好好学习一下，因为，这是为数不多的站在整体全局的高度对市场状况进行反映的系统自带的横向统计分析指标。
>
> ADR 指标的实用性远比 MACD、KDJ、BOLL 等那些常用指标强，它属于横向统计指标，只要运用得当，就可以帮助投资者较及时地抄底和逃顶。而且，它是以把握大概率事件为基本原则，自然应用于个股的那些指标，它们往往由于个股具备太多的不确定性，继而导致预判的准确性往往难以令人满意。

5.2 涨停横向统计技术指标的建立

能封死涨停的个股是市场中表现最强势个股的外在反映，因此，这些股票在当天的表现，将直接反映出当时市场投资者买卖意愿的强弱，这是反映市场人气变化趋势最为敏感的技术指标，自然是短线投资者，尤其是喜欢参与涨停潜力股操作的投资者不容忽视的重要参考指标。

持续关注涨停统计横向技术指标的走势，尤其是与大盘走势的背离情况，往往可以提前预测出当天大盘或即将见顶回落，或见底回升，继而可以较为及时地规避风险和把握机会。或者在大盘处于横向震荡，没有明确方向时，通过该指标的变化情况，很好地预测出即将选择突破的方向，为投资者的操作策略提供有价值的参考。

由于通达信软件目前暂时不支持横向统计函数，因此，笔者只能另辟蹊径，利用通达信对自定义板块进行统计计算的 INSUM 函数来变通地实现横向统计功能。具体步骤分为三部分：一是建立自定义板块，将所有需要统计计算的 A 股添加进去；二是建立涨停指标公式；三是建立最终的横向统计指标程序。

第一步：点击工具选项，再点击用户板块设置，随后选择新建选项，建立名称为"A 股"的自定义用户板块，随后在软件处于行情报表状态下，点击右下角的 A 股选项，以便目前处于全部 A 股的报表状态之下，随后点击鼠标右键选择批量操作选项，此时系统会弹出对话框"选择批量操作方式，选择［是］操作本报表中的所有品种，选择［否］仅操作本屏交易品种"，选择［是］，会弹出选择添加到什么板块的界面，此时就选择之前已经建立好的那个名称为"A 股"的板块，这样就会一次性将沪深 A 股几千家股票全部添加进入该板块，为随后的横向统计完成了第一步准备工作。

第二步：首先，依次点击以下选项：功能—公式系统—公式管理器—技术指标类型—其他类型，这样就进入了股票公式编辑界面，随后点击新建，建立名称为"涨停"的指标程序，在编辑框内添加以下程序即可：

(C−REF(C，1))/REF（C，1）*100＞＝9.95ANDL＜HANDC＝H；

上面的程序表示当天最低价小于涨停价，而且是以涨停收盘。之所以设定最低价小于涨停价，就是要将大量一字涨停的个股，尤其是刚上市的连续一字涨停的新股剔除出去，否则，该程序最终的显示结果有违我们的初衷，最终导致该指标失去其应有的实用价值。

第三步：上面的"涨停"指标公式建立好了之后，就可以建立名称为"涨停统计"的最终统计指标程序了。这三步的顺序一定不能错，否则，系统就会提示错误而导致程序无法使用。具体建立的步骤和以上两个程序是一样的，就不再重复，在"涨停统计"公式编辑框内添加以下程序即可：

涨停数：INSUM（A 股，涨停，1，0）；

十日涨停均线：MA（涨停数，10）；

这个程序的第一句的意思就是针对我们建立好的名称为"A 股"的用户板块，用第二步建立好的名称为"涨停"的程序进行历史上所有天数的涨停家数的计算，并且以指标线的方式显示出来。第二句是输出一条涨停统计的 10 日均线。

至此，涨停统计这一功能强大的横向统计指标就建立了，以下将详细介绍该指标诸多强大且不可替代的实用功能。

> 【要点提示】首先强调一下，截至笔者写作本书时，通达信股票分析软件暂时还没有专门可以直接使用的横向统计函数，笔者采取了一种变通的做法来实现预期的效果，只是建立这个指标时会多几个步骤。
>
> 此外，在运用这些横向统计指标时，有一些事项需要大家特别注意，在这里先将几个较为实用的横向统计指标介绍给大家，而它们使用时的注意事项将在本章最后一节做专门的介绍。
>
> 注意：在股票公式编程的编辑框内书写程序时，必须在英文输入法的状态下进行。初学者最容易犯的一个错误就是在中文输入法状态下来输入标点符号，这样在程序检测时是通不过的。

5.2.1 大盘趋势预测的关键

能够较准确预判大盘阶段性高低点,尤其是大的顶部和底部,应该是每一个投资者梦寐以求的。只要做到了这一点,就表示你已经掌握将投资成功转换为大概率事件的关键了。

依据笔者对股市几十年的潜心研究,发现股市很细微的短期趋势的确无法预测,但一个国家处于正常的发展阶段,尤其是像中国这样还可以持续保持中高速增长的发展中国家,股市的大趋势一定是不断向上的,因此这也根本不需要去预测。那么,剩下的几个月周期的阶段性高低点,以及大牛市的顶部和大熊市的底部,只要方法得当,却是可以在一定程度上较准确预测的。

笔者在上国内最大的股票论坛——金融界论坛大约三年的时间,对重要阶段性高低点的预测平均误差在1%左右,就是对那些认为股市不可知论最好的回应,事实胜于雄辩。很多人自己无法做到就会想当然地认为世界上所有的人都做不到,其实,世界上很多事物是有规律可循的,特别是经济活动,尤其像股市这种可以淋漓尽致反映人性弱点的地方更是如此。股市的高低点其实就是人性贪婪和恐惧的临界点,只要通过恰当的分析手段,再加上必要的历史规律统计的对比分析,那么,较好掌握大盘的分析技巧就不再是一件不可能的事情了。无法掌握预测大盘的技能,无非两种原因:一种是个人的努力程度不够,该做的很多分析工作,尤其是对历史数据所必需的大量统计分析工作没有做到位,以及个人的综合知识储备不足等;另一种就是分析方法有问题。勤奋和悟性一样重要,二者缺一不可。

有人将股市的大涨和大跌主要归结为一些政策的扶持或是调控,其实这是没有把握根本。略懂哲学的投资者都清楚,内因起决定作用,外因只能起到辅助作用。任何一波大牛市的结束都是首先由于之前过大的涨幅严重脱离了基本面，随后，政府对于股市过快的上涨产生担忧，如再不控制过度投机将会产生金融风险，继而对实体经济造成较大的伤害，因而会在牛市的末期不断出台调控股市的各种政策。可见，之前牛市涨幅过大在先，是因；政府出台调控政策在后，是果。不懂得支持股市涨跌背后逻辑的人往往会把因果关系颠倒，将市场行情过多地归责于政策层面，而忽略了股市内在固有客观规律的强大作用。历史大底产生的逻辑也和历史大顶相似，只不过是首先股市出现很惨烈的暴跌，或是很长时间的调整之后，政府在适当的时机出台一些利好政策，这才有可能引发一波大牛市。

懂得以上道理，对于较为准确判断大盘的阶段性高低点至关重要，对后面章节的内容也更容易理解。你若是对基本面有深刻理解，对技术面又有较好的把握，那么，对大盘判断的准确程度就将大大提高。而单纯依据技术面或是基本面都会有一定的局限性，至少在预测的准确率，以及具体时间上就会出现较大的误差。笔者之所以在三年左右的时间里对大盘重要高低点的预判误差保持在1%左右，自然是将技术面和基本面这两大要素较完美统一结合的结果。

5.2.2 涨停统计指标对于制定交易策略的重要性

一个成熟的投资者都有一套完整的交易体系，主要包括在什么情况下可以进行交易，在什么情况下可以交易哪类个股，在不同情况分别可以使用多大的仓位进行交易，在什么情况需要止损或补仓等。而这些条件的主要依据是大盘指数，因为大盘指数代表了大多数股票的一个总体反映。

当然，完全依赖大盘走势的好坏来决定自己是否交易也有很大局限性，比如，很多时候虽然当天大涨，但是，短线投资者却会感觉难以操作，原因就在于当天的大涨是大盘权重股所为，所以大量的资金都流向了大盘股，平时活跃的小盘题材股反而表现不佳，甚至还会出现大跌。再比如，在大盘下跌的末期，虽然到当天依然是下跌的，但是，市场中个股的活跃度和赚钱效应明显好转，此时若是等到大盘出现较为明显的企稳迹象之后再操作，就会失去最佳的介入时机。

此外，在大盘处于阶段性底部时，虽然形态还没有走坏，但是，之前活跃的强势个股纷纷大跌，涨停的只数也明显减少，要是懂得这些现象在高位出现往往就是即将下跌的前兆的话，就可以及时地规避之后的大跌。可见，拥有一套可以预先反映趋势变化，以及对投资者制定操作策略有帮助的技术分析指标是多么的重要。而笔者首先推崇的就是涨停统计横向技术指标。下面以实例来说明具体的使用方法和效果，图5-1为上证指数2015年3月～11月的日线图。

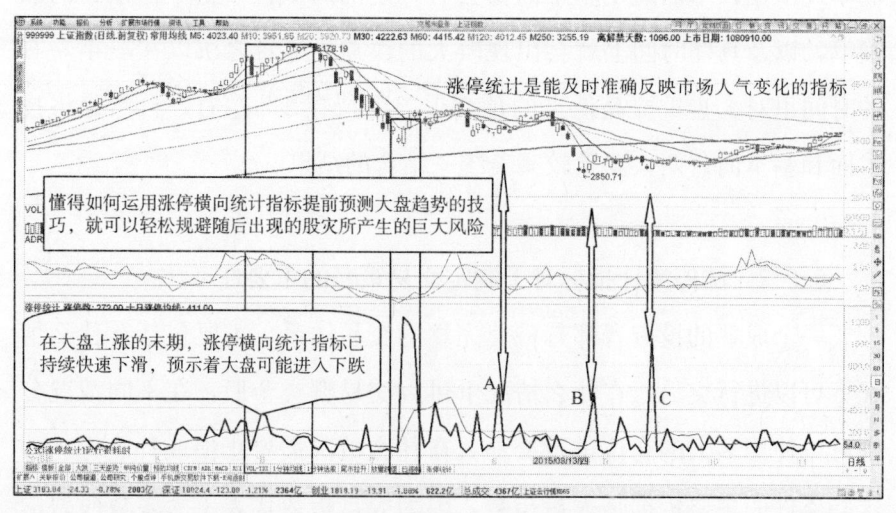

图5-1　上证指数2015年3月～11月的日线图

图5-1是2015年大牛市见顶前后几个月的走势图，先来看看应该如何识别2015年的5178点这一大牛市的顶部。笔者之前就对ADR

(涨跌比例指标)这个不多见的横向统计指标有较为详细的介绍,上图就将该指标和笔者独创的涨停横向统计指标一起列出,看看二者在预测方面有哪些异同点。该图中最下面的附图是涨停横向统计指标图,包含两条粗细不一的指标线,其中粗线是涨停统计指标线,也就是将历史上每天收盘涨停的个股数依次连接起来的指标线,另外那条较细的线是单日涨停个股数的10日平均线。这和股价的平均线是一个道理,就是反映10天时间内涨停只数的整体变化趋势,这样可以过滤掉某些时候单日出现较弱极端的变化对预判起到明显的不利影响。在涨停统计指标附图上方是ADR指标。

首先,看第一个方框内,也就是大盘见顶5178点之前10天这两个指标的状态。如图所示,ADR和涨停统计指标均是在2015年6月1日见顶,之后虽然还继续上涨了10天,但是,这两个指标值均处于不断逐级走低的状态,结合之前中长期均涨幅巨大的情况,那么,在这两个指标和大盘走势均背离的情况下,仅通过技术分析,也不难得出大盘即将见顶的结论。更何况在此期间高层不断地释放清理场外配资和降低融资杠杆的信息,这就导致随后大盘两个半月里出现暴跌。在当时有2743家上市公司,其中53%的股票跌幅超过50%,17%的个股跌幅超过60%,还有9%左右的个股跌幅达到了惊人的70%以上!从第一个方框的ADR指标和涨停统计指标均提前10天就发出了背离的明确警惕信号这一点来看,在预测大级别顶部方面,这两个指标都可以起到规避重大风险的类似的作用。不过,ADR指标经常也会在牛市上涨的中途出现多次和大盘走势相背离的情况,究竟如何区分是牛市的中途还是大牛市的顶部,可以参照笔者之前出版的书中专门对ADR这一重要指标的使用技巧的内容。

虽然,ADR和涨停统计指标在预测5178点的历史大顶方面具有

类似的作用，但是，ADR指标其他很多时候在实用性上是无法和涨停统计指标相提并论的，从图中也可以看出，其他几处当天或是其后几天市场明显具备超级强烈的赚钱效应，涨停统计指标反映得淋漓尽致，而ADR却无法反映出来。

其次，看第二个方框内，也就是2015年7月9日、10日和13日这三天涨停统计所显示的涨停家数分别为1234、1179、1072，以当时总计2743家上市公司计算，三天涨停的比例分别高达至少45%、43%和39%。为什么说是至少，因为每天还会有不少上市公司处于停牌没有交易的状态，在统计时却没有将那些停牌的公司数从分母中剔除，因此，实际涨停的比例一定还会更高！这三天去交易，就意味着你只要随机买入股票，过两天收盘价卖出收益至少达到20%以上的概率至少是40%左右！这么强的赚钱效应实在难得，主要是由于短期暴跌之后形成了强烈的报复性反弹所致。

而ADR指标那三天的值分别为0.34、0.51和0.74，这样平淡无奇的数值显示，要是依据ADR的使用方法规则是不应该参与的，该指标通常数值在1以上才说明市场较适合操作，因为ADR值等于1才意味着上涨和下跌的只数相当。再看后面A、B、C三处箭头所指之处的涨停只数分别为642、547和1044，可以说行情是极其火爆的，但是ADR指标明显没有出现任何异常，若是依据该指标来决策，不知道会失去多少好的投资机会了。可见，即使是如此火爆的行情，ADR指标也是无法给你任何明确提示的。

究其原因，一是因为ADR是对一定时期内（默认参数是10天）股票上涨家数的总和与下跌家数的总和的比值，相当于是对之前10天每天上涨与下跌家数之比的10日平均线，显然，10日平均线和涨停统计指标每天反映的灵敏度是截然不同的，ADR指标在预判较为突发和极端的行情方面是无能为力的，更适合运用于时间跨度较长的阶段性高低点，以及历史大底和大顶的预判方面。二是因为 ADR 只是对上涨下跌只数的比例进行统计，这对更加深入反映行情的特点和变化趋势是有很大局限性的，请问同样几天涨跌只数均是一半对一半，但是，之前几天涨停只数只有 10 只，最近几天却有 50 只，对于短线投资者来说，哪样的行情更好做？在前面讲了 ADR 在反映的时间上明显滞后，而且，在反映个股方面，ADR 只能反映上涨和下跌只数，这样的标准虽然可从一定程度上反映整个市场的状况，但是对于短线投资者而言这样的标准过低了，明显无法提供更有价值的帮助，而涨停横向统计分析指标是依据每天最为活跃、最强势的涨停个股只数这一市场核心来展开的，因此，对于短线投资者具有很大的帮助作用。

> 【要点提示】ADR 这种反映市场人气的横向统计指标在阶段性中期行情的预判上只要结合其他要素，是可以取得较好效果的。但是，要想反映每天或是最近几天市场人气的强弱变化趋势，其他任何方法或是技术指标都无法和涨停横向统计指标相媲美。因此，投资者一定要根据自己的操作风格和具体的市场环境来选择适当的分析方法，才能取得最佳的效果。

5.2.3 涨停统计指标在预判大盘高低点方面的作用

涨停统计技术指标是以市场中最为强势的涨停个股的只数作为分析对象，这就令该指标比其他技术指标对于短线市场人气强弱的反映都要敏感，因此，该指标自然具备其他常规技术指标无法替代的强大功能。主要作用表现在两个方面：一是通过观察涨停个股的变化趋势，往往可以先于大盘的走势预测出大盘阶段性高低点可能何时形成，这就为提前规避较大的系统性大跌风险以及提前抓住抄底的机会，提供了很好的参考作用。

二是通过观察涨停只数的变化趋势，可以对直接参与涨停个股起到绝好的分析预判作用，因为这样可以知道市场人气的活跃度，以及市场中最强势的涨停个股的变化趋势，对短线投资者把握当前市场是否适合参与短线交易以及制定投资仓位的策略等均可以起到极其重要的作用。

下面将分析阐述该指标在对大盘重要阶段性高低点前瞻性预判方面的作用和应用技巧，并以实例来证明笔者编制的涨停横向统计对于大盘预测方面的强大作用。如图5-2所示，为2015年9月～2016年2月上证指数的日线图。

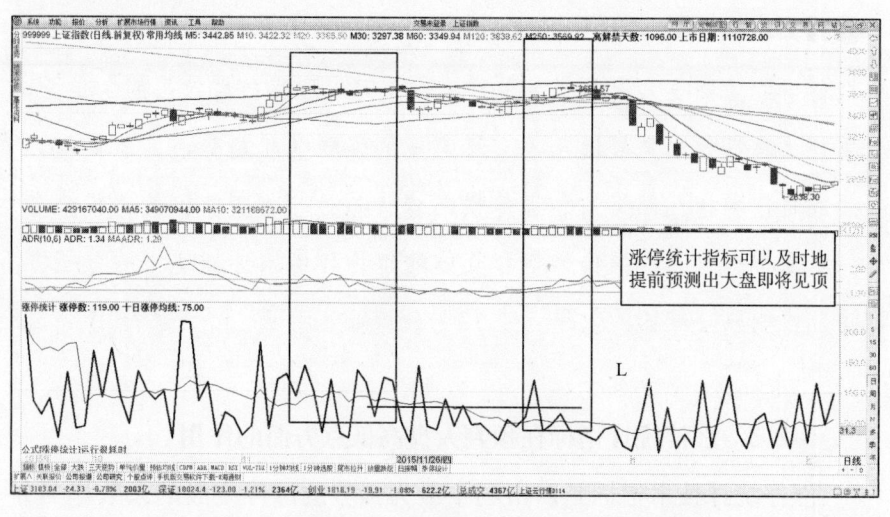

图5-2　上证指数2015年9月～2016年2月的日线图

如图5-2所示，日线明显呈现为窄幅平台整理形态，在右边方框指数各条均线出现了黏合，也就是说到了即将选择突破方向的时候了。

理论上说向上或向下都是有可能的,但是,从左右两个方框内涨停统计的数值变化趋势中,可以得出大盘选择向下的概率远高于向上突破。

现就具体分析一下原因:先看左边的方框,在窄幅震荡期间,该区域涨停统计指标的平均值 L 线是在 88 左右,而右边方框内,在窄幅震荡期间,该区域的平均值为 51 左右,涨停的家数明显比之前震荡区域的少了很多。再看右边方框内后三天的情况,也就是在下跌趋势明朗前振幅处于几乎最小的几天,这是即将选择突破方向前的临界点。通过对这几天内在变化的分析,我们就可以较准确提前预测出运行的方向了。而同时这几天涨停只数从最高的 119 只,持续快速地下滑到了 27 只,可见市场做多人气也在快速地降低,在这种情况下向上突破往往是不现实的。顺便再说一下,看看 ADR 在第二个方框内的走势却是和大盘走势高度一致的,显然,观察该指标是不会得出任何前瞻性结果的。

上面介绍了涨停统计指标在提前预测大盘顶部的作用,下面看看它在提前预测阶段性底部方面的效果如何。如图 5-3 所示,为上证指数 2016 年 4 月～11 月的日线图。

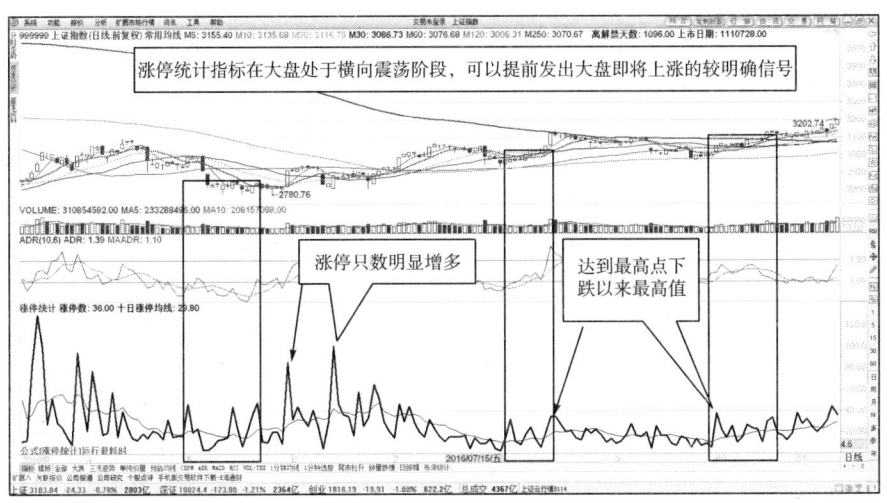

图 5-3　上证指数 2016 年 4 月～11 月的日线图

在上图中第一个方框内，大盘处于持续下跌之后的横盘震荡阶段，此后究竟是继续下跌还是突破向上无法从其他指标中看出端倪，不过，仔细观察涨停统计指标就不一样了。在此期间涨停统计显示的涨停只数不久出现了从阶段性最高点下跌以来的最大值45只，而且，不管是日常涨停只数，还是10日涨停统计均线的数值均明显在增加。之后半个月左右虽然其间大盘基本上没有什么上涨，处于不断震荡的过程之中，但是涨停只数持续显著增加，比之前方框内的最大值上涨了1倍以上，达到100家以上，这些都是市场开始活跃的明显信号。此外，再看一下第二和第三个方框，这两次到的位置似曾相识，都是处于接近前期高点的较为敏感的位置，在此种情况下，通常进入短期调整的概率会较大，但是，这两次后都是创出了新高，要想提前预知这一点，看一下两个方框内涨停统计的数值变化就一清二楚了。很明显，在即将选择方向时，这两次涨停统计指标值都提前明显增加，而且，其间的最大值都超越了前期高点，是调整以来的最大值，这些都是即将继续上涨的明显信号。

> **【要点提示】** 市场若是出现了涨停统计指标明显向好，但是大盘走势看上去却没有明确的方向这样的盘面时，短线投资者就不需要过多关注大盘的日常涨跌变化，此时只需精选个股来交易就好。因为，市场机会明显增多，大盘之所以没有出现明显上涨，只是由于市场当时没有将炒作的重点放在大盘股上面。

5.2.4 涨停统计指标在进行涨停强势股交易方面的作用

涨停统计指标主要包括涨停只数、冲击涨停只数、封死涨停比例这三项内容。由于个股当天于涨停收盘就意味着达到了当天涨幅的最高值，这无疑是最强势的表现形式了，若是当天涨停的个股的只数比较多，往往说明市场较为活跃，短线机会较多，短线投资者就可以考虑适当参与。前面已经很系统地讲述了通过每天的涨停只数指标线可以给我们提供哪些有用的信息和帮助，在这里就重点讲述一下冲击涨停和封死涨停比例指标具有什么样的作用。

比如，在前一天10点有25只冲击涨停，有18只个股当时封死涨停，而当天10点有60只冲击涨停，有21只封死涨停。在这种冲击涨停数量差异不太大的情况下，就不能只以冲击涨停的只数的多少来判断，相反，就应该用封死涨停只数比例这一相对值来判断市场人气强弱状况。前一天10点封死涨停比例为18/25＝72%，当天10点封死涨停比例为21/60＝35%，可见，虽然当天10点冲击涨停的只数更多，但是，封死涨停的比例明显比前一天要低很多，这就表明当天的市场人气还不如前一天同时间段。因为当天虽然有更多个股曾经达到涨停的位置，但是，由于市场抛压较大，导致大量的个股无法封死涨停而出现回落。这其实就是市场人气明显转弱，做多信心开始动摇的强烈信号。

当然，在每天收盘时进行统计分析涨停只数和涨停比例，然后和前一天收盘或是前几天收盘的情况进行对比分析也是可以的，但是，这相比在每天早上10点左右进行统计分析就要滞后了，因为很多时候当天市场人气可能如何变化，在10点～10点30分就可以很好地作出预判了，这样，就可以规避当天很可能出现的大幅回落的风险。

每天同一时间段有多少个股曾经冲击过涨停，直接反映出当天做多的意愿是否强烈，当然，冲击涨停的数量较多，不一定就表示短线投资者操作起来就一定更加容易。比如，前一天有60只个股最高时达到过涨停，不过，收盘时只有20只封死涨停，而当天只有20只股票最高达到过涨停，有15只股票收盘封死涨停。请问这两天对于短线投资者来说，哪一天相对更好操作？答案当然是当天交易的成功率更高，因为前一天封死涨停的比例只有 20/60＝33.3%，而当天封死涨停的比例为 15/20＝75%，显然，当天这一比例比前一天高出了很多，这就意味着投资者在当天去参与涨停个股交易的成功率会比前一天高出至少1倍。封死涨停比例通常的变化区间在 30%～80%，一般至少在 60%以上才比较有利于投资者进行操作。

还是以上面的实例为例，统计这一指标对于短线投资者具有十分重要的意义。可以这样理解，在前一天随机买入之前最高曾经达到涨停的3只股票，那么平均会有1只个股在收盘会涨停；而在当天同样随机买入之前最高曾经达到涨停的3只股票，那么平均会有两只在收盘会涨停。短线投资者大多喜欢参与具有涨停潜力的个股，其中主要又有三种具体操作模式：第一种是在个股即将要把涨停价的卖盘吃完的一瞬间以涨停价买入；第二种是在个股的涨停被打开之后择机买入；第三种是投资者预计该股当天可能会涨停，而在最高价没有达到过的某个价位买入。由于第三种买入法无法保证该股当天是否可能会冲击涨停，而只是投资者的良好预期，和本节介绍的涨停统计分析指标不能完全相符，因此只能剔除。也就是说，投资者要是依据涨停状态统计分析这一指标作为交易的重要参考，那么，最好介入的个股之前至少已经达到过涨停的价位。

通过观察涨停只数的变化趋势，可以对直接参与涨停个股起到绝好的分析预判作用，因为可以知道目前市场人气的活跃度，以及市场中最强势的涨停个股的变化趋势，对短线投资者把握当前市场是否适合参与短线交易、制定投资仓位的策略等均可起到极其重要的作用。

此外，通过观察涨停个股的变化趋势，往往还可以先于大盘的走势预测出阶段性高低点可能形成，这一强大功能是其他常规技术指标难以达到的。虽然当天涨停的股票较多一般都不是一件坏事，但是，当天收盘封死涨停的比例较高，以及涨停的股票具有较强的板块效应更加重要。对于直接交易涨停潜力股的短线投资者而言，应该更在意交易的成功率，而不是市场中究竟有多少个股涨停。

投资者在实际操作中经常会面临这样的难题，比如，虽然对本书中的短线技法已经很好掌握了，但在事后分析一些形态时，就会发现某个时点明显是一个很好的买卖时机，却无法在第一时间发现它们，此时就需要借助股票公式编程来完成了。只要具备了一定的股票公式编程的基础，那么，就可以及时地把握先机，很多问题也可以迎刃而解了。本章的指标都是利用很简单的基本程序就充分实现了对市场进行及时的检测和分析的目的，拥有先进的分析手段对投资的帮助作用无疑是巨大的。

单纯观察封死涨停比例这一指标的变化具有很大的局限性，该指标只是涨停统计指标在某些特定环境下的有益补充，因此，该指标不能单独使用，必须是在满足以下使用条件的情况下结合涨停统计横向指标来进行综合分析才有意义。

> 【要点提示】投资者要想依据涨停状态统计分析来最大限度地提升自己交易的成功率，那么，必须介入当天已经达到过涨停价位的个股。
>
> 封死涨停比例只有在满足以下各项条件的极少临界点使用才会起到一定的辅助参考作用，即在涨停只数相差不大的情况，通过与前一天或是前几天同一时间段涨停只数和涨停比例的对比，有时候可以提前预测出当天的情况。

此外，大盘处于阶段性高点位置，而且之前几天市场做多人气都较为旺盛，当天封死涨停比例突然大幅降低，出现这种情况，就应该引起投资者的注意，因为，这往往意味着一段时间的上涨很可能要宣告结束了。这其实就是物极必反在股市中的一个表现形式。

5.3 连续涨停统计分析

之前已经系统讲述了涨停统计横向指标在多方面的强大功能，以及对于投资者在制定操作策略时的作用。本节重点针对喜欢参与涨停潜力股交易的短线投资者，因为在这里介绍的连续涨停横向统计指标将更加敏感和及时，可以说是在涨停统计指标基础上的加强版。每天涨停状态的个股会不停地变化，不更深入地对涨停状态进行统计分析，尤其是统计连续涨停的家数和比例，以及当天封死涨停的比例等这些重要信息，就很难对当前市场人气状况有较深刻的认识，而连续涨停家数和比例无疑是最为重要的一个环节。

前面针对涨停横向统计指标进行大量说明，可以将这一指标视为短线投资者应该放在第一位的分析指标。虽然该指标已经足够强大和实用了，但是，还可以利用其他的指标达到更加深入了解涨停股票的变化趋势的目的，继而对我们的投资决策起到更大的帮助作用，这就是下面要介绍的连续涨停横向统计指标。

能够冲击涨停至少说明有大量资金有意愿和较强实力来进行做多，能够封死涨停就表示市场对炒作该股的力量占据明显优势，而有能力连续涨停，则是市场中最为强势的表现形式，这说明市场投资者的做多热情极其高涨。仅仅分析涨停指标有时候还是美中不足的,因为每天都会有一定数量的个股涨停,在涨停只数基本没有太大变化的情况下,能够连续涨停的个股占前一天涨停的比例越高,往往预示着市场强力炒作的氛围越来越浓厚,此时,投资者是可以适当考虑参与较为激进的热点龙头股的交易的。

相反,每天涨停只数变化不大,但是,连续涨停的只数很少,这对于短线投资者来说是很难操作的,因为一只股票只有出现了第一个涨停才可能引起市场投资者的关注,要是投资者在第一个涨停价介入,在次日经常就无利可图,甚至只能止损出局,显然,这样的市场环境是不利于短线交易的。

下面就是第一个需要建立的名称为"连停"的指标公式的程序:

ZT:=C/REF(C,1)>=1.096 AND C=H;

TT:COUNT(ZT,2)=2 AND COUNT(ZT AND L=H,2)<2;

这个程序表示的是收盘出现连续涨停,而且,在两天内出现一字涨停的天数不能大于2。之所以这样设置,和涨停程序要将当天出现一字涨停的形态剔除掉基本是一个道理,略有区别的是两天涨停的情况就要复杂一些了,既要剔除掉影响统计计算分析的形态,又不能将正常形态剔除掉。连续两天涨停无非三种形态,除了连续涨停均是一字涨停之外,不管是第一天还是第二天只呈现一天的一字涨停,都是我们应该统计在内的。因为在两天的时间内是出现过非涨停价买入机会的,这就是涨停类统计指标设计时考虑是否剔除的标准。当然,这里的连续涨停程序,会将历史上出现过连续2个以上的符合程序的情况均选出,而不是仅限于连续两天涨停的形态。

下面就是最终的连续涨停横向统计技术指标的程序:

连停数：INSUM（'A股','连停',1,0）；

连停率：CEILING（连停数/REF（INSUM（'A股','涨停',1,0），1）*100）；

上面第一句程序表示的是对连续涨停的情况进行统计计算，第二句程序是用连续涨停的只数除以前一天涨停的只数，也就是连续涨停的比例。

> 【要点提示】个股在前一天若是处于一字涨停，那么，在前一天涨停程序中是不会被选中的，但是，若是该股在第二天是以非一字涨停状态继续涨停，那么，在当天的连停统计程序中就会被选中，这样，由于分子有可能比分母还大，就会出现在极少数情况下，连停比例会大于100%的情况。
>
> 其实这也很正常，因为用于对比的两个程序为了更好地分别反映各自程序的状况而设置了不同的编程标准。

下面就来看一下连停横向统计指标的运用技巧。如图5-4所示，为上证指数2016年10月～2017年5月的日线图。

图5-4是一个三图结构的日线图，最上面的是K线图，中间的是连停横向统计指标，最下面的就是前面详细介绍过的涨停横向统计指标，之所以将两个指标放在一起，就是因为连停指标应该和涨停指标配合起来使用，才能取得最佳的效果。

在连停指标中有两条指标线，粗的一条是连续涨停指标线，显示的就是连续涨停的只数，而细的那条就是连停比例指标线了。图中有两个窄方框和两个宽方框，分别用A、B、C、D表示。先来观察B方

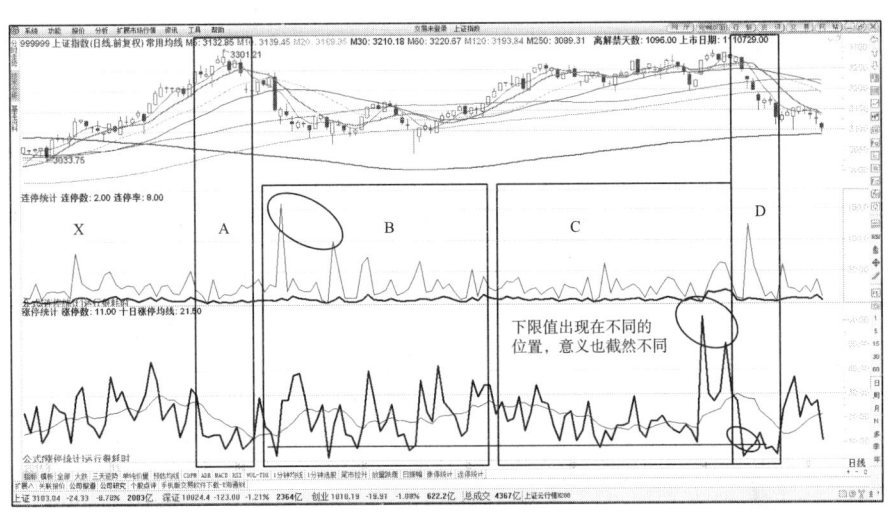

图 5-4 上证指数 2016 年 10 月~2017 年 5 月的日线图

框,该方框指数明显表现为先持续下跌,之后反复震荡,从表面的走势上看不出有什么可以乐观的依据,但是,将 B 方框与之前最左边一段时间的连停指标数值进行对比之后,就会发现,不仅在 B 方框内的椭圆中有两次高点均超过了之前处于上涨阶段的最高点 X 处的值,而且在方框内还有很多次连停指标线的数值都较高,表现明显强于左边上涨阶段。再看最下方的涨停统计指标,将 B 方框内该指标和之前左边处于上涨阶段对比,会发现不论是高点还是低点,两阶段的数值相差不大,综合以上数据分析就可以得出结论,那就是大盘持续下跌,但是,市场强势股的活跃度不但没有下降,反而出现了一定程度的加强。这样的盘面就给短线投资者提供了一定的操作机会。

再看 C 方框,仅从连停指标来看,看不出任何特殊或是异常之处,那么,再来看看涨停指标,显然,在 C 方框内椭圆中最后几天的涨停家数出现了异常明显的大幅增加,从之前很低迷的一天 10 只暴涨到了 50、60 只左右的水平,猛然一看,投资者可能会认为按照笔者之前讲述的理论，在面临选择方向时，要是强势股的活跃度明显持续增强，那么，向上突破的概率就会更高才对。但是，随后却出现了明显下跌的走势，这又是怎么回事呢？首先，不管什么样的分析方法，都有一个概率问题，无法保证所有的情况都正确，即使可以达到70%～80%的较高准确性，不一样还是会有20%～30%出现错误的可能性吗？

不过，至少这一次却是由特殊原因造成的，那就是在2017年4月初政府出台设立雄安新区这一重大利好，导致河北乃至整个京津冀板块的个股出现持续的大涨，大量个股更是出现了连续涨停，所以在涨停指标上就敏锐地反映出来了。而在连停指标上却一点也看不出过分的异常，主要是由于十几只题材最强大的雄安概念龙头股都是以连续五六个一字涨停的方式展开的，而连续两个一字涨停就会被连停程序剔除了，因此该指标自然无法充分体现这一盛况了。

有没有一种更加简单的方法可以在这样极端环境下，较明确地显示出后续还是会出现下跌走势呢？答案是肯定的，而且方法还不止一种。在这里先要介绍一种之前没有涉及的分析技巧，那就是用涨停指标的不同时期的最低极限值进行对比分析，从而提前预判大盘后续的发展方向。为什么通过这里的涨停4只的极限值，就可以预测出后期的走势，就要从涨跌背后所反映市场人气强弱转换的规律谈起了。

先看D方框内小椭圆中的涨停指标的最小值为4只，在D方框内的涨停家数最小值处画出一根向左延伸的水平线，就会发现在B方框内也有两次出现了同样为4只的情况。B方框中的第一个涨停只数为4只出现的时间是2016年12月12日，也就是图中出现最大跌幅的那一天，在这一天出现了涨停只数的极限值是很好理解的。B方框内的第二个涨停只数为4只出现在12月23日，这一天是阶段性最低点的前一天，在此种情况下也很好理解，因为是下跌的最后时期，市场投资者的恐慌情绪往往就会达到极限。

虽然数值相同，但是出现的位置不同，背后蕴含的意义就不同。B方框中第一个4出现的位置大约是之前高点与阶段性低点中间的位置，而第二个4出现在明显接近阶段性最低点的位置，也就是说，都是处于偏低的位置，但是，D方框内涨停只数最小值4不仅是出现在明显最高价附近，而且是从之前涨停只数为50、60这样同期相对很高的水平，一下就快速下滑到4只这样极低的水平，这种情况下出现的极限值就很不正常了，充分表明之前几天的持续暴涨进入后续持续下跌的最后疯狂，对市场未来发展趋势把握准确的短线投资者已经率先用疯狂抛售的实际行为表达了对后续大盘极其悲观的看法，要是看得懂的投资者，此时出局明显会卖在相对高位。

通过上面的分析，说明如果是较为正常的短暂回调，表明市场人气的暂时低迷，那么，涨停只数降低是必然的，但是，绝不可能一下就降到几天前的10%左右的水平，通常也就会降到30%~50%。因此，在高位若是出现这样急剧的变化，投资者一定要小心了。想想看，有3000多只股票在进行交易，却只有4只当天涨停，这样的行情是多么的悲观啊！

再来介绍一种直接通过图中的指标来规避两次重要高点形成之后所出现的大跌的实用方法，这就需要用涨停横向统计指标中10日均线的使用技巧。众所周知，既然是均线，那么都是对短期波动进行了平滑处理，这样就更便于反映和均线参数相对应时期的趋势分析。涨停统计的10日均线也不例外，简单地说，在特定情况下，10日均线的作用可以理解为是对未来大约20天行情的一个方向指引。

如图5-4所示，先看A方框内涨停横向统计指标从左边框线第一天就下穿了10日均线，直到A方框的右边框线这一天，该指标线才再次上穿 10 日均线，也就是说，依据涨停横向统计指标线低于该指标 10 日均线就空仓的原则，是可以很好地规避大的下跌风险的，因为这段实际上正好处于明显下跌的初期，大盘后续还继续下跌了一段时间，究竟怎样操作就不能一概而论了。技术较好的短线投资者是可以择机参与的，前面已经分析过，虽然之后大盘表面上看起来不太好，但是，涨停和连停指标均显示这个阶段市场中涨停潜力股的机会明显增多。

最后看一下 D 方框，同样 D 方框内涨停横向统计指标从左边框线第一天就下穿了 10 日均线，直到 D 方框的右边框线这一天，该指标线才再次上穿 10 日均线，也就是说，依据涨停横向统计指标线低于该指标 10 日均线就空仓的原则，也是可以很好地规避随后的下跌风险。虽然和 A 方框一样起到了规避风险的作用，但是，从局部反映的形式上还是有一定区别的。A 方框是在见顶前 5 天的 3241 点发出出局信号，距离几天后的阶段性最高点 3301 点，二者相差 1.8%，而 D 方框是在已经出现了阶段性最高点 3295 点之后 4 天的 3276 点发出了出局信号，误差为 0.6%，不仅没有因为突发的雄安概念股短期的飙升而误判形势，反而发出信号时距离最高点的误差更小，能够在如此复杂的环境下做到这一点，绝非一般分析方法可以办到。

> **【要点提示】** 连续涨停统计指标在极少数情况下的大幅增长会来自刚上市的新股，这些股票在连续多个一字涨停之后往往会在大盘出现较大跌幅的情况下被批量打开涨停，不过在喜欢炒新股的习惯思维支持下，还是会有不少的短线投资者在第一次有机会买到这些股票时参与炒作，在当时市场热点缺乏的情况下，新股当天出现几只涨停也是很正常的。

> 不过，这种情况能否持续需要继续观察，而且此种情况导致连停数值的大幅增加，往往不会对整个市场未来的走势产生较明确的指导作用，只有在下跌到较重要支撑位，或是短中期跌幅较大的情况下，这种情况才具有较大的参考意义，而且，新股也很可能成为未来的炒作热点之一。

5.4 使用横向统计指标的注意事项

由于通达信本身没有过多的可以像一般技术指标那样直接快速显示出来的横向统计功能，笔者以上介绍的自己研究出来的变通方式，自然不可能像一般技术指标那样方便，有些注意事项就需要告诉大家，否则，使用不当的话，要么导致系统较长时间卡顿，要么就会导致直接无法使用。

首先要清楚像笔者这种方式编制的所有横向统计指标，都会比一般常规的技术指标在运行时耗时，一般的技术指标要显示出来的话，只需要针对使用者目前切换的界面上的某一个品种，以及固有的程序对该品种的所有历史交易进行计算就可以了。比如一只股票上市了 10 年，大约总计交易了 2500 天，那么，只要运算 2500 次即可。但是，横向统计指标则不同，就以本章设定的所有 A 股的统计范围来说，依据笔者的观察，指标是对大约最佳的 2～3 年的所有交易天数，以及应用程序来进行一一计算。若是想要观察更早的指标情况，需要敲击向下的箭头来增加显示的时间数，此时，横向统计指标会再一次开始计算,这时候使用者就要耐心等待一会了。就以涨停横向统计指标为例,每一天要用涨停程序对目前市场中的3000多家上市公司进行计算,这一天的数据就要用同一个程序计算3000多次,那么,想一想当你切换到一个该横向统计指标之后,计算机的工作量大概就应该是3000×(500~700左右),大约要计算150万次才能显示出指标线。

进行以上的说明一方面就是告诉大家,在用这种变通方式使用这类横向统计指标时,需要有一点耐心,若还想像普通指标那样,一切换完指标就想马上看到指标线是不太现实的。另一方面,也会更加理解笔者为什么建议大家在使用时,尽量关注下面的事项,目的也是为了让大家使用起来更加流畅,少走弯路。

使用笔者编制的横向统计技术指标时,应该注意以下几点:

1. 虽然横向统计指标较为耗时,不过,大家也不用过于担心,耗时也只是相对于一般的普通程序而言。以笔者在2014年买的中等配置的电脑为例,在调用这类指标之后,依据不同程序运行的复杂程度不同,一般也就需要等待20~150秒。当然,使用者的电脑配置越高,等待的时间自然越短,若是安装有固态硬盘且软件是从该盘启动,那么速度会更快。

2. 在编制的过程中,应该严格按照前面介绍的建立步骤一步步地完成,不能将顺序搞反了。不得对前面第一步建立的用户板块和第二步建立的引用指标的名称进行变更。若要更改,也必须将第三步建立的最终的涨停横向统计指标中相关项进行相应的修改,否则,将直接导致指标无法使用。

3. 要想获得什么时间段的技术指标线,就应该下载完相应时间段的数据之后再进行。这和在选股前必须下载数据是一个道理。

4. 由于此种方式运行的横向统计指标计算量较大,因此,若是在交易时间观看，要暂时断开网络，进行脱机分析，等到分析完成之后，再连接上行情主站即可。注意，不是断开宽带网络连接，只是将股票分析软件的行情主站断开，以使软件暂时不再接收交易时产生的大量数据和各种指标计算，以便横向统计指标可以较快地计算完成。连接和断开行情主站是在软件最左上角的系统菜单中。

5. 当目前显示有横向统计指标的情况下，在切换界面时要先变换为其他非横向统计指标，否则，等到下次再切换任何指标时，软件会先回到退出前最后使用的界面，不在切换前先将附图上的横向统计中被换掉，那么，此时软件就会先耗费时间来显示该横向统计指标，这样显然是较为低效的。

6. 可以将常用的指标加入到分析图下方的常用指标列表中，这样需要使用什么指标直接点击一下就可以很快速地调出来了。方法是：依次点击工具—系统设置—设置 2，随后找到需要添加的程序名称，再点击向右的箭头即可，而且可以在该界面对于一种存在的常用程序进行位置的上下移动，也可以点击向左的箭头对程序进行删除操作，这里的删除只是将程序从常用程序列表中删除，不会将程序本身删除。

7. 在实际使用过程中，为了更加方便观看或是追求个性化，可以直接设置想要的颜色。具体方法就是依据前面介绍的建立技术指标的方法，在找到之前已经建立好的程序之后点击该名称，再点击修改选项，就进入程序编辑框，随后，在需要改变颜色的那个程序的最后面（但是在分号的前面），在前面保持一个空格的前提下，依次点击插入函数—颜色和线型，选择好想要的颜色就双击鼠标左键，这样程序输出线的颜色就设置完毕了。通过这种方式可供选择的颜色种类有 10 种左右，要想有更多的选择可以依次点击插入资源—调色板，这样就可以选择各种颜色类型了。

8. 如果在常用指标列表中点击横向统计指标较长时间没有反应的话（通常这种情况极少出现），那么，可以直接用键盘精灵依次输入程序名称的第一个字母就可以调出来了。

第 6 章 独特的分析方法和交易策略

进入资本市场投资是一项艰辛而复杂的工作，需要投资者掌握大量的专业知识，经历长期的实战洗礼，并在此过程中不断地总结和完善，最终才有可能把握投资的真谛，成为市场中最终的少数胜出者之一。在此过程中，正确合理的分析方法至关重要，很多人不是不够用心和努力，只是没有找到正确的方向，导致最终投资失败。

在资本市场投资不仅需要具有较为全面的综合素养，而且对于人格方面也提出了更高的要求，因此，为了控制风险和克服人性的弱点，在很多时候笔者就设定一些交易策略操作原则，在条件达到时不折不扣地坚决执行。唯有这样，投资者才能将风险控制在自己可以承受的范围之内。

6.1 用统计的方法提前预知市场人气的强弱状态

在笔者的所有书中，都会不同程度介绍一些如何识别市场人气强弱的实用技巧。之所以对此如此费心，就是因为只有掌握了判断市场人气强弱的方法,才能保证交易具有较高的成功率。

要想敏锐地把握市场人气的变化趋势,最有效的方法就是对关键数据进行持续或是定时的统计,只要数据足够多,就可以从中发现很多规律并总结出来,为我们的投资决策提供强有力的依据。

6.1.1 涨停状态的综合分析

个股涨停依据是最强势的外在表现形式,只要对涨停相关的信息进行系统分析,就可以很好地提前反映出目前市场的人气强弱状况。涨停状态可以具体划分为昨日涨停和当天涨停这两类个股的相关信息。昨日涨停统计的内容只是在前一天收盘涨停的所有符合程序条件的个股。而当天涨停统计的内容就要多一些了,包括涨停只数、封死涨停的比例和冲击涨停股票的平均值这三项统计内容。

观察和统计昨日涨停的方法主要有两种:一种是利用通达信或是同花顺软件上的昨日涨停板块指数来观察当天整体板块的走势情况。同花顺的该指数还可以直接看到前一天所有涨停股票的列表,通达信只能看到指数。一种是编制涨停程序选出前日涨停的股票,并且添加到指定的板块中。建立板块的步骤是依次点击以下选项:工具—用户板块设置,随后点击新建,建立一个比如名称为"前日涨停"的板块。然后就再建立一个名称为"涨停"的选股程序即可,比如:(C−REF(C,1))/REF(C,1)*100>=9.95 AND L<H AND C=H;这样就可以用涨停程序选股了。

那当天涨停统计的项目该如何实现呢?其实也很简单,首先分别建立名称为15冲停、30冲停、60冲停、上午冲停、周一涨停至周五涨停这些板块。各板块建立好了之后,再将上面的那个涨停程序略加改变之后,建立一个程序,名称为"冲击涨停",选股程序内容如下:

(H-REF(C,1))/REF(C,1)*100>=9.95 AND L<H;

这个程序和上面的涨停程序的区别是：前一个程序只会将收盘涨停的个股选出来，而这个"冲击涨停"程序会将最高价曾经达到过涨停的个股都选出来，显然，"冲击涨停"选出来的范围更大，因为每天都会有一些个股收盘没有涨停，而这个程序一样会选出来，因此，要想更系统地分析涨停情况，自然要用"冲击涨停"程序来进行。所以，笔者只是用"涨停"对前一天的情况进行选股，而更重要的当天情况，就会有"冲击涨停"程序选股，只有这样才能观察到涨停只数、封死涨停比例和冲击涨停股票的平均值这三项内容。

上面的准备工作做好之后，在每个交易日的 9：45、10：00、10：30、11：30，用上面的"冲击涨停"选股程序进行选股，分别将选股结果存入到 15 冲停、30 冲停、60 冲停、上午冲停这些用户板块之中。每一天涨停的个股用程序选出后直接存到对应板块之中即可。

虽然利用笔者上面介绍的涨停横向统计指标，不仅可以看到前一天和当天最新时刻的涨停情况，而且可以看到使用者下载了收盘数据的所有历史涨停状态，但是，由于横向统计运行较为耗时，因此，一般更多用于收盘之后的复盘分析，当然，在实践中也可以随时查看，只是要将行情主站连接先断开，再调用该横向统计指标。

将每一天涨停的个股分别存入相应的板块，可以随时对它们进行系统的分析。横向统计指标虽然能够看到历史上很长一段时间的涨停情况，但是无法看到某一天具体是什么个股涨停，而用"涨停程序"选股，在综合选股的界面下，只要提前下载有该天的收盘数据，那么，就可以随时将想要查看的任意交易日当天的涨停股票选出来进行分析。周一至周五这 5 个交易日的涨停股票，由于是最近几天的涨停情况，因此，每天收盘后选出来存入相应的板块中，就可以随时分析了。而

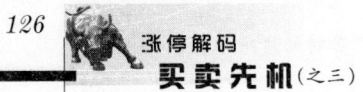

通过对 15 冲停、30 冲停、60 冲停、上午冲停这几个当天定时统计的涨停状态情况进行统计对比分析，可以最及时地把握当天市场人气强弱的变化趋势，尤其对于短线投资者选择具体买卖时机方面，可以起到最直接的参考作用。可见，不同的涨停分析方法都有各自的优势，关键就看使用者在何时使用，以及主要的意图是什么。

【要点提示】 虽然通过观察昨日涨停股的表现情况和当天统计的冲击涨停股票的状况，都可以很好地反映出市场人气的强弱状态，但是，二者还是有一定区别的。

昨日涨停股表现要比当天冲击涨停统计指标的状态还要重要，因为每一天都会有不同个股交替涨停，但是，只出现一次大涨行情，这样的个股对于投资者来说是很难把握的，因此，要想有较好的实际操作价值，就必须要求昨天涨停的股票中有一定比例的个股在次日依然会有较好的表现才行。当然，要是有一定比例的股票能够连续涨停就更好了，通常情况下，能够连续涨停的比例越高越好，这充分说明了市场人气极为旺盛。

6.1.2 当天定时涨停统计分析

在每天关键时点持续对当时涨停情况进行统计分析，是及时把握市场人气强弱的最佳方法，因此有必要详细地介绍一下。每天定时统计当时的涨停状况，包括涨停只数、封死涨停的比例和冲击涨停股票的平均值这三项内容，笔者建议制定相应的表格每天记录下来，对于把握市场人气变化将会有很好的作用。建议除了对前日涨停个股在次日的开盘以及开盘 30 分钟的平均涨幅进行统计，对当天可以重点统计

9:45、10:00、10:30、11:30、14:30 和 15:00 这几个时间段的涨停数据。

通常前一天涨停的股票在次日开盘时都会出现明显的分化，大多数会高开，极强势的会直接出现一字涨停，也总会有一些前一天涨停状态较差，或是当天出现利空消息的股票开盘会下跌。在 9:25 集合竞价一出来，投资者就可以观察前日涨停板块个股的平均开盘涨幅情况。方法很简单，在通达信处于报表状态下，点击左上方小方块内的三角形，就会出来平均值、总计等多种选项，选择平均值之后，软件就会对目前报表的所有列标题项目，实时计算更新所有品种的当前平均值。前日涨停股次日的平均开盘涨幅在 1% 以上属于较正常的状态，若为负值，除非是在连续下跌的最末期，否则，往往说明当天市场人气弱，投资者需要谨慎操作。通过前一天涨停的股票次日开盘平均涨幅情况，可以在第一时间初步了解当天市场的人气强弱状况。

下面具体说明一下当天定时统计的做法和原因。股市 9:30 开始正式交易，对于当天大资金看好的个股就会在股价和成交量上最快地做出反应，第一次观察的时间太短的话，比如设置为开盘 3 分钟或 5 分钟进行统计，那么，统计的结果对于研判当天市场人气强弱的准确性就会降低。原因主要是，一般情况下，题材很强而又被市场广泛看好的个股都会出现一字涨停，想买都没有机会，而其他一般的题材，只要没有开盘就涨停的，若仅几分钟就冲击到涨停的位置，通常会遭遇巨大的抛压，后续能否成功封死涨停还需要时间来验证。

另外，经常会看到有个股在开盘几分钟就快速拉升至涨停，但是，当天却会出现大幅冲高回落的走势，这一现象的背后，其实就是在很多时候已经有主力资金提前埋伏，但为了用最小的资金消耗就将个股拉高而采取的投机取巧的偷袭手法。这样操作要是在人气很旺盛的情况下也会不时地取得成功,个股会被大单快速地封死涨停,因为每天有很多短线投资者会选择较早时间冲击涨停的个股处于涨停价的卖单即将吃完或是刚刚吃完的瞬间,专门在涨停价进行追击涨停的买入操作。由于在开盘之后几分钟就冲击涨停的个股,在收盘时是否依然可以牢牢封死涨停的不确定性极大,而且,一般在开盘几分钟个股的换手还很不充分,因此,在开盘后很短的时间就进行统计分析是不太科学的。当然,要是太晚进行统计分析虽然更加保险,但也很可能会错过最佳的时机。

长期的观察研究发现,第一次统计当天涨停状况的时间定在 9:45 左右最为合适,而最重要的时间点是 10:00,其次是 10:30。这两个时间点在所有时间段中最为重要,当天的热点板块是什么,该板块的龙头股是哪只股票,以及当天市场人气强弱状况如何,适不适合进行短线操作,是适合追涨还是低吸操作,大体应该运用多大的仓位进行操作等,这些和实际交易密切相关的信息基本上可以在每天开盘的 30 分钟内就得到较为准确的判断了。

在 10:30 对涨停情况进行统计的主要作用是,由于前一天涨停的股票往往会受到短线投资者的密切关注,很多人就会在次日择机介入,而前一天就介入的投资者也会在次日做好随时卖出的准备,这样在开盘后的 1 个小时就是当天交投最为活跃的时间段,也是多空双方对决的关键时间段。通过开盘之后 30~60 分钟具有代表性龙头股的走势,就可以大体清楚当天市场人气的强弱状况。在强势市场中,当天大幅低开的个股在开盘后的一个小时左右的震荡下跌之后,又会在强大的做多力量的支持下创出当天的新高,至少此时也应该收复了之前跌幅的一大半,随后继续震荡上扬。而开盘首先冲高的个股,大多数会出现冲高回落的状态,一般回落幅度不超过 5% 为宜,否则,大多数情况下这样的个股当天的走势不容乐观。

在 11:30 收盘时进行统计，由于已经收盘，没有其他各种干扰，可以静下心来仔细地分析。而在距离当天收盘前 30 分钟的 14:30 进行涨停统计，主要是因为在 14:00~14:30 这段时间往往容易出现新的热点板块。之所以会出现这样的现象，是因为当天最强势的热点板块通常在开盘后一小时内就已经出现了，该涨停的也都涨停了，即使是在 14:00 这一板块的个股还没有涨停，说明投资者追涨的意愿不是很强，而且强势热点板块中的热点股，很多个股会在收盘前出现较大的回落。而此时重新启动涨幅不大的新热点，往往更容易带动市场人气，另外，在弱势中，大盘大跌通常出现在 14:00 之后，因此，为了规避大盘可能出现的不利走势，在 14:30 通过大盘当前的走势和统计此时涨停股票的状态分析，就可以作出是否参与热点交易的决策了。

> **【要点提示】** 分析当天市场人气强弱状态的关键，是要和之前几天同时间段的数据进行对比分析，所以，投资者建立一周的涨停板块是很有必要的，等到第二周就可以将之前相同周期的数据覆盖了。
>
> 笔者所著书中的与涨停相关的程序，都对一字涨停这种不利于准确反映市场真实人气的形态进行了剔除。

6.1.3 涨停三要素的运用要领

下面来说明一下涨停分析统计三大项的一般规律和原理。首先，每天收盘或是每天同一时间段有多少个股曾经冲击过涨停，直接反映出当天做多的意愿是否强烈。比如，前一天 10:00 时有 30 只股票涨停，而当天 10:00 却只有 12 只个股冲击涨停，明显比前一天同时间段

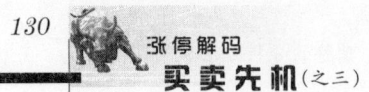

的数量大幅减少，对此投资者就要小心了，这至少说明当天市场做多的意愿已经有所降低。反之，要是当天同一时间段冲击涨停的个股比前一天同时间段有大幅增加，那么，投资者就可以保持较为乐观的态度准备做多。

其次，在涨停只数相差不大的情况下，就要看封死涨停的比例是多少，这一点在很多时候比冲击涨停的家数多少更重要。比如，前一天10:00有30只股票冲击涨停，有20只个股当时封死涨停。而当天10:00有60只冲击涨停，有22只封死涨停。在这种涨停数量差异不太大的情况下，就不能仅看涨停家数的多少来判断了，应该用封死涨停家数比例来进一步对比分析，因为用这一相对值来判断市场人气强弱状况会更加可靠。那么，前一天10:00封死涨停比例为20/30＝67％，当天10:00封死涨停比例为22/60＝37％，可见，虽然当天10:00冲击涨停的家数更多，但是，封死涨停的比例明显比前一天要低很多，这样的统计数据表明当天的市场人气还不如前一天同时间段。究其原因，虽然当天有更多个股曾经达到涨停的位置，但是，由于逢高减持的气氛浓厚，市场抛压较大，导致大量的个股无法封死涨停而出现回落。

最后一项需要留意的是某个时间段冲击涨停个股整体的平均涨幅，这个数值是对冲击涨停股在该时点最综合的反映，类似于大盘指数的作用。投资者在经过一段时间的统计之后，就会从这一数值的变化中前瞻性地发现通过这些数据分析，很多时候就可以较为及时地规避市场风险和把握投资机会。

要想较准确掌握买方和卖方的实力对比情况，还要由封死涨停比例来决定。这一数值通常保持在60％～80％才具有较好的操作机会，当然，这个数值越高越好。若该数值过低，说明逢高抛售的压力较重。

注意要是该数值连续两三天达到80%左右，那么，同样也要随时小心短期的风险了，道理很简单，物极必反。冲击涨停股的平均涨幅是很综合的指标，试想一下，要是有较大比例冲击涨停的个股出现大幅回落，那么，这个指标也不可能保持很高的数值。

三大关注项目会有很多种组合情况发生，这对没有经验的投资者会产生不少困扰，在发生矛盾时不知道应该更加关注哪一项指标了。有一点大家要清楚，三大关注项都出现明显不利或是明显有利的较好判断的情况，通常是出现在单边市的大环境下的中期阶段，其他阶段经常都会出现几大涨停统计项不一致的情况。

针对上面三大项统计数据不同的组合情况，投资者也需要采取不同的操作策略来最大限度地规避风险和捕捉机会。如果这三大项数值都向好，重点做多即可，反之，三大项数值都较为糟糕，最好空仓规避风险。如果冲击涨停的家数很少，但是，封死涨停比例却很高，达到了80%以上，短线技术较好的投资者同样可以进行追涨停的操作，而且为了保险起见，可以在涨停价位买2~3只股票，因为封死涨停的概率在80%以上，这样操作既可以更好地规避只买了一只股票，若不幸遇到了那只有百分之十几无法封死涨停的小概率风险，又可以获取次日冲高获利了结的大概率的机会。在此种情况下，尽量不要轻易介入上涨幅度已经较大的个股，比如已经上涨了5%~7%这样的股票，因为当天数据已经表明冲击涨停的只数明显减少，你此时买这样的个股想必是期望涨停，而这个概率是很低的，更大的可能会冲高回落，所以正确的选择是，要么不参与交易，要么还不如采取上面的追涨停交易模式。

此外，虽然在当天冲击涨停个股较多，而且，若干板块都轮番表现，出现了冲高的迹象，但是，封死涨停的比例却明显较低，这时候投资者就要格外小心了，这往往说明市场目前的人气严重不足，市场中的投资者大多不愿意过分追逐已经有较大涨幅的个股，于是不断地从涨幅不大的个股中寻找机会，这种热点轮换频繁而持续性较差的现象，表明大盘后续短期的走势不容乐观。

昨日涨停这个指标本身的构思非常好，但遗憾的是，不管是同花顺还是通达信，对该指标均是采取累加的方式来进行，这就使得该指标中长期始终是不断上涨的，这样就注定除了分时图以外，在观察其他的分析周期时对于投资者提供的参考价值就相对较低了。当然，该指标最大价值是超短线投资者对昨日涨停表现指标的分时图进行分析，从而作出对当天市场人气状况强弱的预判。所以，若是该指标的设计理念能变为在振幅为正负百分之十的区间的话，无疑将会更贴近该指标本身对于市场研判的内在意义，也必将具备更大的使用价值。

这一章重点讲述了关于涨停方面的很多问题，那么，在每天交易时间段究竟怎样具体观察涨停股票更好呢？相信大多数投资者肯定会说直接点击股票软件上的涨幅进行降序排列，但是，这种方法也有很多局限性。比如，在有新股上市交易的情况下，很多新股会出现连续一字涨停的情况，若是通过点击涨幅排序的方式来查看，就会对投资者造成很大的困扰，因为在涨幅第一屏可能有大量个股都是那些根本无法买到的新股。

下面讲述的是如何更加精准地对涨停方面的个股进行选股的问题。由于这些情况出现的概率都是极低的，所以，普通投资者直接用之前介绍的常规涨停程序就可以了，以下的内容主要针对对股票公式编程有较浓厚兴趣和喜欢尽善尽美的朋友提高之用。

在进行当日选股时，若是希望选股的结果更加精确，就应该将之前介绍的"涨停"和"冲击涨停"这两个程序中再加上"AND

DYNAINFO（8）＞0，"否则，就会将目前处于停牌状态、但是在停牌的最后一个交易日是以涨停收盘的股票也选出来。这个更加精确的"涨停"程序相应就变成下面的程序：

涨停　　（C－REF（C，1））/REF（C，1）＊100＞＝9.95 AND L＜H AND C＝H AND DYNAINFO（8）＞0；

同样，要是希望"冲击涨停"也更加精确，如上所述，加上"AND DYNAINFO（8）＞0"，变为下面的程序即可：

冲击涨停　　（H－REF（C，1））/REF（C，1）＊100＞＝9.95 AND　L＜H AND DYNAINFO（8）＞0；

若是使用者需要进行历史选股，就应该要用大括弧号将 AND DYNAINFO（8）＞0 括起来，否则，若是在选股的当天该股由于停盘没有进行交易，那么，即使在指定历史日期的当天该股达到了选股条件，也不会被选出来。同理，在进行每日选股时，若下面两个程序中有大括弧就必须将其去掉，否则，那些处于停盘状态而且在停盘前一天达到设定条件的个股也会被选出来，显然，这不是我们想要的结果，因为我们只想选出当天处于正常交易的个股。

> **【要点提示】**将上述两个程序加入选股公式之后，就可以在指定范围内（通常选择沪深A股）进行选股操作了。此外，在每天零点之后要想对当天个股进行选股，就必须是在下载数据之后才能进行。
>
> 　　在通达信编程规则中，大括弧内的部分表示不执行，这样避免了删除的操作，使用者应该充分利用这一功能，以便在进行历史选股时将 AND DYNAINFO（8）＞0 用大括弧号括起来，这样只需变动一个大括弧号，也就避免反复地进行添加和修改程序了。

6.2 分批介入好处多

在所有操作策略中，仅从控制风险的角度看，仓位管理应该放在第一位。因为，只要清醒地知道在不同大盘环境下，大体应该介入多少仓位，那么，总体的风险就可以较好地控制了。对于大多数投资者来说，除非市场价很好，否则，不适合满仓操作，尤其是满仓介入一只股票。对自己看好的个股，最好是分批介入。

"盈利是市场给的，风险是自己给的"，虽然说得有些绝对，但是，道理还是没错。盈利首先要有较好的市场机会，再加上自己具备一定的技能，较好地把握了买卖时机，的确是可以取得一定的盈利。而"风险是自己给的"，强调的就是对于较为成熟的投资者，一笔交易最终面临多大的风险基本上是可以大体上预估出来的。因为在什么市场环境下，用多大的仓位去介入哪种类型的品种，自然要承担不同的风险。

6.2.1 提高交易的成功率

投资者每一次的交易，自然是对标的看好所为，但是，个股的走势是否和预估一样，该笔交易是否最终成功，就不是投资者可以完全控制的了。在此期间，投资者不可以一厢情愿地只设置一个预期卖出价格，在没有达到时就什么都不用考虑，这样的心态很危险，当行情向不利的方向变化时，也需要及时地止损出局，以便将损失降到最低。投资不仅要有良好的盈利预期，也要随时将最坏的可能性考虑进去，继而做好防范的措施。

投资是一项复杂的系统工程，每一次交易自然都有介入的充分理由。但是，股票市场瞬息万变，不考虑突发的政策利空、行业利空和个股利空消息的影响，就单纯去预测个股的走势，在大多数情况下，准确性都不会太高。当然，个人的综合技能越高，前期的信息收集和个股的走势分析工作做得越充分，通常来说最终成功的概率相对也更高。个人的能力和付出与投资结果的关系，其实可以用一句话来概况，那就是"谋事在人，成事在天"。

投资的过程归根结底就是一个概率问题，既然每一笔交易都无法做到有绝对的把握，那么，有没有办法在可以较好控制风险的前提下，找到相对稳妥的操作策略呢？答案当然是肯定的。其实，相信这些策略绝大多数投资者都清楚，之所以无法很好地贯彻，还是人性的弱点——贪婪在作怪罢了。

就以固定的某只个股来说，虽然本次交易无法知道结果是否会和自己的预期相符，能不能盈利其实很大程度上取决于实际运行。但是，要是将时间跨度和交易的跨度拉得较长的话，只要对股市各方面有一定了解，对该股的估值水平、该股之前的涨跌幅度，以及大盘后续的可能走势有一个大体的预判，再采取分批介入的操作策略，那么，这笔交易最终获得成功的可能性就会大大提高。

下面，就用实例来加以说明。比如，以万科股票为例，经过简单的统计分析，得出了以下数据：该股基本上和大盘走势同步，之前半年的走势具有较强运行的特征，就是下跌10%～12%就会进入反弹，反弹的幅度在8%～15%。该股在过去两年内，最多下跌30%，就会出现至少18%的反弹。因此，投资者可以这样操作，在万科股票短期下跌超过10%就介入20%仓位，若是该股还是遵循之前半年的每次上涨8%～15%的规律，那么，在上涨到8%以上就考虑卖出，这样，这笔交易至少会有6%左右的收益,当然,总资产增长为20×6%=1.2%。

但是,若是之前半年的涨跌规律被打破了,该股在投资者买入之后只反弹了5%就进入下跌,导致投资者被套,那么,要是投资者不想止损出局,而且该股在大形态和大盘均保持良好的情况下,就可以继续等待补仓的机会。第一次补仓距离上一次介入的成本价越远,投资者的主动性就越大。依据之前统计的万科跌幅达到30%左右,就会反弹至少18%的规律,在万科下跌接近30%的跌幅时,用之前两倍的仓位进行补仓。比如,第一次介入是买入20%仓位,成本价为10元,第二次补仓介入了40%,成本价为7元,那么,目前万科总的平均成本就是(10×20%+7×40%)/60%=8元,若万科的最低价是7.8元,那么,从目前6.8元至少上涨18%,就是至少会上涨到8.02元以上。而投资者经过补仓之后的成本价是8元,也就是说,该股按照之前两年大跌之后的反弹规律,投资者至少不会亏本。

以上只是最保守的计算,因为当时投资者手中还有40%的资金闲置,而对于两年中只要出现几次大跌,往往随后的反弹力度也会较大的规律,在此过程中,投资者一定会发现一些时点处于风险很低、上涨趋势较为明显的状态,比如横盘较长时间,大盘和个股均刚形成突破上涨,那么,此时就可以将40%的闲置资金及时地介入。比如,在万科从6.8元的最低点突破长期盘整的最高点7.1元之后,以7.12元买入40%仓位,此时满仓万科的平均成本就变成了10×20%+7×40%+7.12×40%=7.65元,若是以万科大跌之后反弹至少会上涨18%达到8.02元来计算,8.02/7.65−1=4.8%,也就是说,这次交易最终是以总资产增长4.8%而成功了。

在选择个股时应该选择安全性较好的形态来操作,最佳的技术形态是个股处于历史相对低位,之前各条中长期均线出现了高度黏合,之后虽然出现了一定的涨幅,但是涨幅不大,即使跌到第二次预计补仓的位置,该股的大形态依然保持完好。

有的投资者可能觉得虽然分批交易较为稳妥,但是,由于一次介入的仓位较少,盈利相对有限,其实,在大环境还不错的情况下,投资者完全可以在两只股票第一次达到低吸的条件时分别买入,这样盈利的机会可能就大很多了。不过选择这两只个股分属不同概念,这样的话,两只个股同时都走出不利走势的概率并不大。这样无形中就增加了交易机会,继而增加了总的盈利水平。

➡【要点提示】采取分批介入的操作策略,首先要保证个股始终处于大形态良好的情况下,为稳妥起见,也应该要求大盘同时始终处于大形态良好之中,否则,个股后续下跌破位的概率会增加。在大趋势明显向下的情况下,切记不要轻易补仓,在判断失误之后,应该及时止损出局。

采取分批介入的操作,最好选择具备较安全的大形态,股性活跃,尤其是有长期重大题材的个股,这样盈利的机会更大。

6.2.2 短中线相结合的交易技巧

满仓交易由于资产波动大,对于投资者的心理素质要求很高,普通投资者只有在处于大行情的过程才适合这样激进的操作,否则,一旦介入的股票不及预期,满仓被套就很被动了。如果一定要满仓操作,买入2~3只不同题材的个股较好,这样既实现了满仓交易,达到可能获得利润最大化的目标,又可以分散风险。

中线交易和短线交易各有特色，何时使用何种交易策略，与大盘所处环境、投资者操作风格的关系很大，只要运用得当，哪种交易方法都不错。当然，若是能将这两种交易方法结合起来使用，往往效果会更好。

下面就举例说明具体的方法。如图6-1所示，为短中线结合的交易技巧。

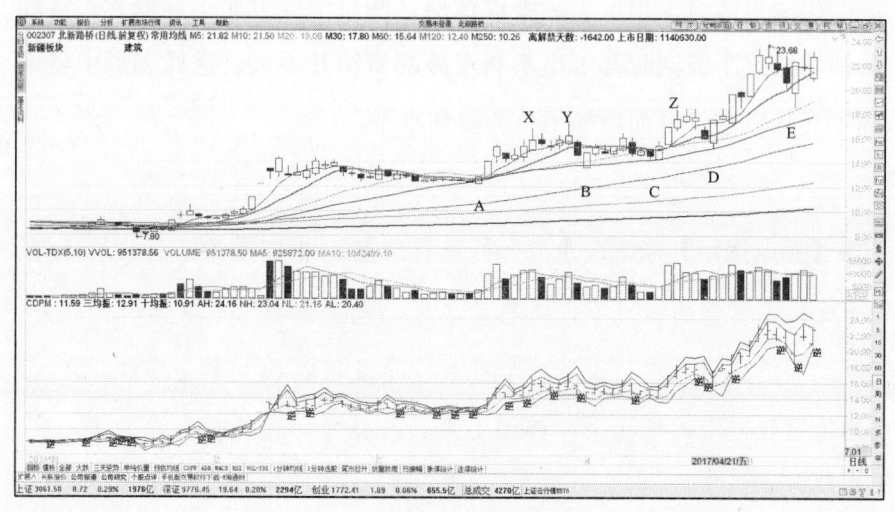

图6-1 短中线结合的交易技巧

以北新路桥为例，由于该股中长期均线在高度黏合之后形态向上突破，而且之前处于历史低位，经过长时间的震荡筑底，大形态良好。对于这样后续中期走势看好的个股，就可以在刚刚突破时介入50%的仓位一直持有，直到个股的走势出现令人不放心的迹象为止。而在该股短期下跌到重要支撑位附近时，又可以用另外50%仓位的资金逢低介入，随后根据该股的走势决定何时出局，这部分短线仓位判断出局最基本的标准，就是在个股出现较小短线上涨乏力的迹象之后就出局。

上涨乏力的特征多种多样，其中较为常见的主要有以下几种：在连续上涨之后出现带有长上影线的 K 线，当天最高价低于前一天高点，当天收盘跌幅超过前一天涨幅的一半以上等。其中以第一种情况出现之后形成短期高点的概率最大，在北新路桥的案例中，几次短线卖出的依据中大多数也出现了这种形态。

在中线股上适当进行短线交易，最好是该股的走势具有较强的规律，这样才好把握买卖时机。个股的规律性主要表现在以下几个方面：在某些均线附近往往会形成支撑而构成短期底部，阶段性上涨或是下跌的涨跌幅较为相近；阶段性上涨或是下跌的时间大体相近。当然，还包括一些较容易识别短期底部的走势特征多次出现。

下面详细介绍一下如何根据个股走势的规律来把握短期买点的技巧，要谈规律性，至少要以之前两次类似的走势为依据来判定。以北新路桥为例，从第一波大涨之后经过调整，再次启动的走势中，也就是图中的 A 点之后的 B、C、D、E 各短期低点，不难发现该股这些短期低点的调整时间不是 3 天就是 4 天。再看跌幅方面，B、C、D、E 各短期低点的跌幅分别为 20.9％、17.7％、18.1.％和 22％，如此强的规律性，对于短线交易而言就很好操作了。投资者总结出北新路桥在调整时间和跌幅方面的规律之后，既不会在调整的第二天急于抄底，也不会在跌幅还不大的情况下急于介入，显然在调整到第三天或是第四天根据当天的具体情况逢低吸纳就好了。

在具体操作上，投资者在 D 点的低点时，就可以依据之前两次短期下跌幅度分别为 17.7％和 20.9％的规律低吸了，而实际上 D 点的 18.1％的跌幅的确和前面两次的跌幅极其相似，这次短期底部之后的上涨力度相当强劲，在短短 7 个交易日就达到了 56％的惊人涨幅。在随后图中 D 点的短期低点，同样可以依据之前已经出现了的 B、C 和 D 这三次短期调整均是在 3~4 天，而且，它们的跌幅分别为 20.9％、

17.7%和18.1.%的情况，在E点出现大跌之后，投资者就可以在第三天或是第四天，在个股跌幅超过17%之后再择机低吸了。若是分析能力再强一些的投资者，就不会在之前三次短期下跌的上限，而会在跌到之前三次跌幅最大值的20.9%左右再介入。原因很简单，因为在E点出现之前股价短中期涨幅都很大了，从一般规律来看，这次调整也应该大于之前任何一次短期调整，而实际上该股下跌了22%，之后两天就大涨了26%。可见，对于走势较好的中线股，在适当的时机进行短线交易会大幅提高盈利水平。当然，由于图中北新路桥的短中期涨幅均已经很大了，不仅后续短期交易最好不要再做了，而且中线的仓位也应该择机出局为宜。

如果投资者想要增加短线交易的频率，可以利用CDP逆势指标来进行。由于这个程序主要是围绕着CDP的数值来展开的，就需要先搞清楚CDP值是如何产生的，从上面的叙述中可以得知CDP是前一天最高价、最低价和收盘价的平均值。用CDP值加上前一天的波动值就是当天的AH（最高值），用CDP值减去前一天的波动值就是当天的AL（最低值）。用2倍的CDP减去前一天的最低价就是NH（近高值），用2倍的CDP减去前一天的最高价就是NL（近低值）。

这个指标设计的原理就是假设当天股票的波动幅度与前一天处于大体相当的情况下，而且，预计公式计算的点位是当天的相对低位，这样的话当天就会有一定的盈利了。这个指标应用于中期趋势明显向上而且当天可能跌到短期支撑位的个股上面，往往会产生其他指标无法达到的良好效果，这是笔者认为极少数真正具备较好实际操作价值的技术指标，因此在笔者之前出版的《买卖先机》一书中专门进行了深入的介绍，在这里只是顺带提一下，不做过多介绍了。

➡ **【要点提示】**在上图中，为了大家观看方便，在达到CDP逆势操作指标条件的当天，都会在指标图中显示一个"逆"字的标记。从图中可以看出，若是依据该指标进行买入显然就会多了不少机会。但是，需要强调的是，不是每一次发出信号都适合操作，这还需要投资者结合量能、均线，以及个股调整的时间和幅度等以往规律综合分析，才可以达到最佳的效果。

第7章
热点题材股的把握技巧

题材股属于趋势投资中极具代表性的一个重要分支,由于具有波动剧烈、赚钱效应明显、市场机会较多等优势,题材股操作从来都是短线投资者关注的重点。题材股包含的范围很广,从事件的关键时点是否可以提前获知的角度划分,大体可以分为确定性题材和突发性题材;从影响范围大小的角度来划分,可以分为系统性题材、行业性题材和个股题材;从题材是否设有保障条款的角度来划分,可以分为有保障题材和无保障题材等。由于题材股炒作是短线投资的重点,因此,本章也会深入系统地进行说明。

在市场中,经常会看到一些股票表现十分抢眼,常常在短期内连续大幅飙升,甚至是以连续涨停的方式来展开。之所以会这样,主要是由于这些股票基本上都具备了当时市场中一些备受追捧的热点题材,在大量资金不断推高的作用下,其走势就远远强于一般的股票。因此,在股市进行投资,尤其是进行短线或是波段操作的投资者,必须对各种题材在当时环境下市场可能作出怎样的反映以及对题材股的运行规律有所了解,再结合具体的技术走势进行综合分析,只有这样,才可能抓住那些稍纵即逝的重大机会。投资者明白题材股暴涨背后是由什么逻辑所支撑，同时具备一定的技术分析能力，那么，在适当的时候捕捉到市场中的那些热点题材股也是有可能的。

一些投资者总是拿国内外进行价值投资很成功的案例来作为自己的投资榜样，但是，每个投资者的自身素养、拥有的各种资源以及面临的市场环境和法律环境都是不一样的，盲目照搬显然是不可取的。要想进行价值投资，就必须掌握较为可靠及时的各种相关信息，能对未来较长时期的宏观政策和公司发展的走向有较为准确的预测，还要有超人的毅力排除各种短期的干扰来长期持有，而所有这些，都是绝大多数普通散户不具备的。因此，价值投资更适合那些有资金优势、人才优势和信息优势的机构；而对于广大的普通散户投资者，自然更适合进行趋势投资了，尤其应该将重点放在热点题材股方面才是最为现实的。

7.1 二股东也会有大行情

市场中容易受到热捧的往往是大股东更替这样的题材，因为只有成为第一大股东才会有更多的话语权，才更有动力和可能改变原有公司的主营业务，将新大股东的优质资产注入上市公司，从而使那些业绩不佳的上市公司发生脱胎换骨的变化。

但是，在少数情况下，当较有实力的公司首次进入前五大股东之列，尤其是成为上市公司的第二大股东时，同样可能引发市场的热烈追捧。因为投资者往往会猜想新进入的二股东有可能想要成为第一大股东，以此来掌握上市公司经营的主导权。大多数情况下，上市公司也不会无动于衷，通常都会采取各种方式来增强自己对上市公司的控制力，如此一来股权之争就会展开了。而具备此种优良题材公司的股票，往往会随着股权之争的不断深化而持续地表现。在2016年下半年发生的阿里巴巴入驻三江购物就是这类题材的典型代表，如图7-1所示，为三江购物（601116）2016年9月～2017年2月的日线图。

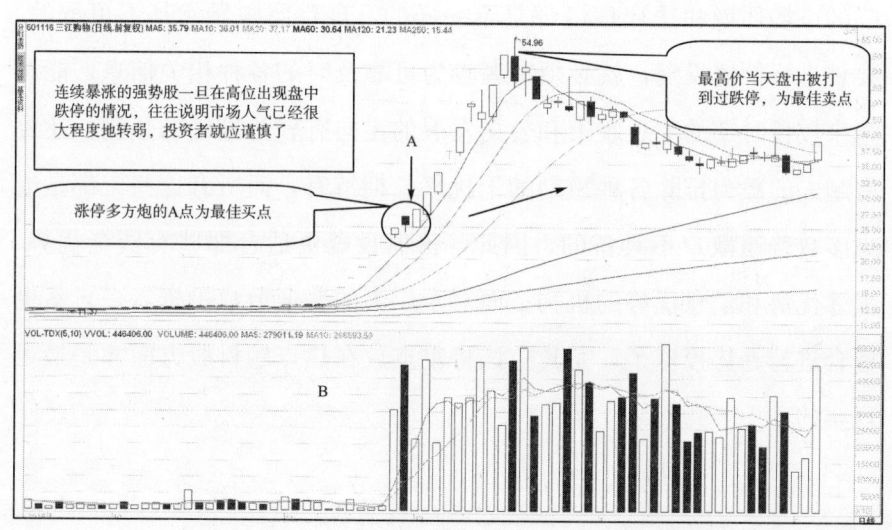

图7-1 三江购物2016年9月～2017年2月的日线图

三江购物2016年11月18日晚发出公告，其中公司拟以11.11元/股向杭州阿里巴巴泽泰发行1.37亿股，合计募资15.21亿投向超市门店全渠道改造项目及仓储物流基地升级建设项目。公司股票将于11月21日开市起复牌。阿里巴巴空降A股零售业上市公司三江购物，不仅一举成为后者第二大股东，其持股比例还将逼近公司实际控制人。

杭州阿里巴巴泽泰于2016年11月15日刚刚成立，应该是专门为这次交易所设，目前无实际经营业务，注册资本5000万元。其经营范围显示为：技术研发；计算机软硬件，网络技术产品，多媒体产品；系统集成的设计、调试及维护等。该公司实际控制人就是BAT巨头之一的阿里巴巴集团。

此番入驻，阿里巴巴的定位是战略投资者。阿里巴巴集团为全球领先的电子商务平台运营商。财务数据显示，公司最近一财年资产总额为3644.50亿元，实现营收1011.43亿元，营收首破千亿，净利润达714.6亿元。

三江购物表示，阿里巴巴泽泰与三江购物决定通过股权合作建立战略合作关系。三江购物拥有布局广泛的线下门店网络及丰富的实体零售门店运营经验，阿里巴巴泽泰基于对上市公司未来业务发展前景的认同，对三江购物进行战略投资，并将利用阿里巴巴集团内部丰富的电子商务及互联网运营资源，发挥双方在采购、渠道、物流、经营方面的整体优势，推动资源整合，拓展全渠道业务，共同提升双方竞争能力和盈利能力。

另外，三江购物强调在未来12个月内会继续升级业务，但不改变主营业务，也不对主营业务作出重大调整。除双方共享各自供应链优势，展开会员和支付等系统的打通升级，以及合资设立宁波泽泰作为双方合作平台外，三江购物或其子公司未来12个月内不存在资产和业务进行出售、合并、与他人合资或合作的计划，也不存在上市公司拟购买或置换资产的重组计划。

但从新设公司到持股比例，阿里巴巴方面不排除有更多图谋。通过一系列协议受让、认购可交换债、认购公司定增股票等方式后，阿里巴巴泽泰将持不超过1.75亿股，占总股本32%；同时，若阿里巴巴泽泰将可交换债券全部换股，则持股比例可进一步达到35%，而公司实控人陈念慈直接和间接持股将下降为37%。

三江购物表示，根据双方协议，阿里巴巴泽泰成为公司股东后，董事会将增加两名非独立董事席位，阿里巴巴泽泰有权提名两名非独立董事。前述被提名人应在经公司股东大会批准后成为公司董事，目前公司尚无对高级管理人员结构进行调整的计划。

经过对上市公开信息进行梳理之后，市场中大量的游资达成了共识——这是一个绝佳的炒作题材，原因主要还是阿里巴巴不仅在中国，即使在世界上都是赫赫有名的，这样强大的公司突然成为第二大股东，不得不让投资者产生更多遐想，比如，是否会继续增持成为第一大股东，从而引发两大股东的股权之争？或者阿里巴巴会不会将自己旗下的一些优质资产注入上市公司等，这就引起了三江购物的短期暴涨行情。

由于这是一个突发重大利好消息，股价就在公布消息的第一天起连续出现了6个一字涨停，随后一天收盘继续涨停，第二天出现一根放量阴线，但还是上涨了1.98%，第三天仅开盘12分钟三江购物就涨停。之后三江购物一路暴涨，从启动前的12.71元最高上涨到54.96元，在18个交易日就大涨了1.9倍。

> **【要点提示】** A点是三江购物一字涨停被打开的第三天，这一天的涨停和前两天的K线构成了最强势的涨停多方炮形态，这样的形态一旦出现，在大盘环境较好的情况下，往往后续还会有较好的表现。图中的A点就是最佳的介入时机。
>
> 此种连续暴涨的题材股，一旦见顶之后往往会在短期内大跌，而且在相当长的时间内一般很难再出现较好的操作机会，所以，对于没有实质性业绩支撑又被疯狂炒作过的题材股最好敬而远之。

当然，并不是所有类似的题材都会有较出色的表现，很多时候个股的走势差异还是极大的。为了更直观地说明产生这些问题的根源，下面就以和三江购物题材极其类似的另一个案例来详细加以说明，如图7-2所示，为苏宁云商（002024）2016年9月~2017年2月的日线图。

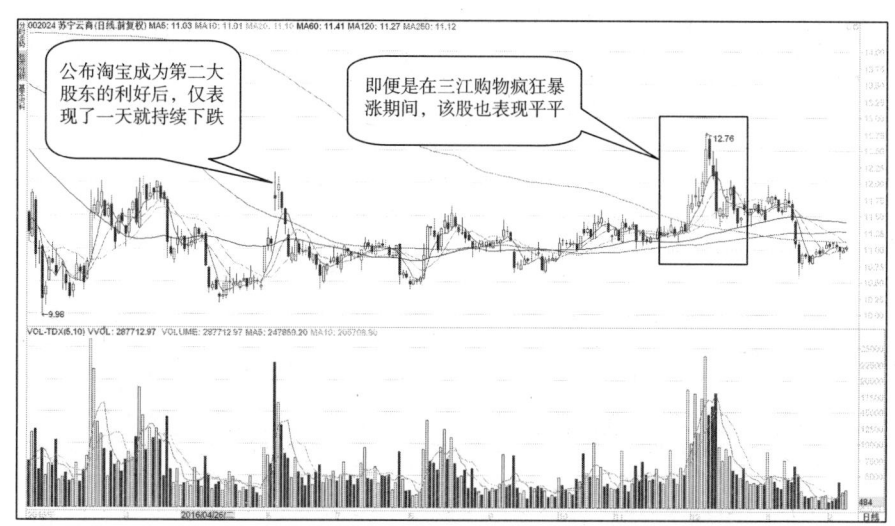

图7-2 苏宁云商2016年9月~2017年2月的日线图

苏宁云商2016年6月2日晚间发布公司非公开发行A股股票发行情况报告书暨上市公告书，此次发行价格为15.17元/股，发行数量为19.27亿股，募集资金净额为290.85亿元。新增股份上市首日为6月6日，限售期为股份上市首日起满36个月。淘宝（中国）软件认购金额为282.33亿元，苏宁云商员工持股计划安信-苏宁2号认购股票金额10亿元。发行后，淘宝（中国）软件有限公司持股18.61亿股，占总股本19.99%，为公司第二大股东。

这个公告和三江购物的公告极其类似，都是知名企业家马云旗下的公司介入，同样也是成为上市公司的第二大股东，而且二者都与第一大股东的持股比例极其接近。但是，苏宁云商在利好消息公布的次日只表现了一天就持续下跌了，这和三江购物利好出台后翻了好几倍的走势简直有天壤之别。要搞清楚造成这种巨大差别的原因，就必须了解炒作题材股应该遵循的基本原则。

> 【要点提示】在炒作题材股时需要考虑很多因素，依据个股影响力的大小，一般应该考虑大盘所处位置和市场环境、流通市值的大小和业绩的好坏、题材的强弱等几大要素。
>
> 简单地讲，若是大盘处于历史高位或是市场人气很弱的阶段，通常各种题材都很难有太好的表现；在大盘环境和题材类似的情况下，一般流通市值越小或是业绩越差的个股表现越好；在前两大主要因素类似的前提下，所具备的题材性越强，炒作的力度也会越大。

下面再将三江购物和苏宁云商对照上述三大原则逐一进行分析。首先是大盘环境，如图7-3所示，为上证指数2015年12月～2017年2月的日线图。

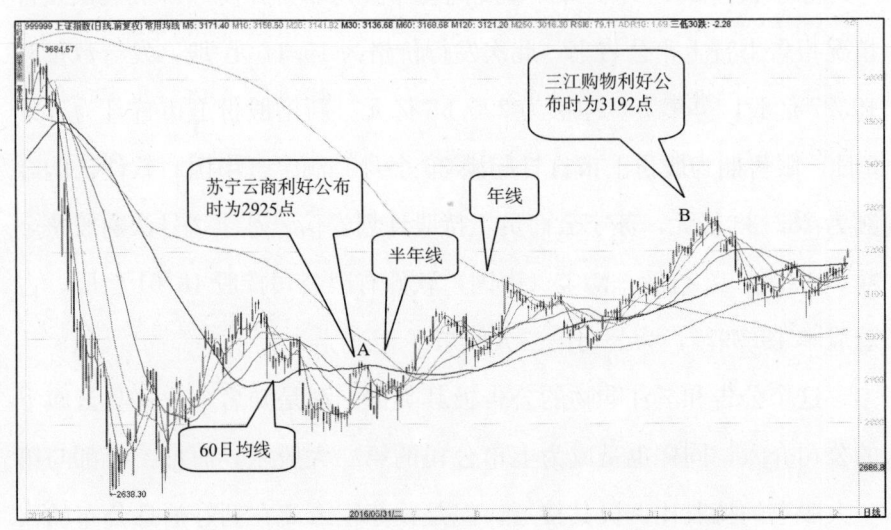

图7-3 上证指数2015年12月～2017年2月的日线图

三江购物利好公布时上证指数为 3192 点，苏宁云商利好公布时上证指数为 2925 点，显然，苏宁云商公布利好时所处的位置更低，当然，此处所指的大盘环境并不是简单地对比点位的高低，也不是说点位越低，短期面临的风险就一定越低。比如说，大盘处于明显上升阶段从 998 点上涨到 6124 点，之后跌到了 3500 点，是不是此时介入短期面临的风险就比之前牛市阶段时的 4000 点风险要低？显然不是，因为牛市阶段的 4000 点之后又上涨到了 6124 点，涨幅为 50% 以上，而在熊市明显的中途阶段的 3000 点介入，随后又暴跌到了 1664 点，跌幅达到了 44%。因此，中期趋势是否处于可操作阶段是必须要重点考虑的问题。

> 【要点提示】这里还要强调一点，对于短期的风险而言，只有在明显处于同一大趋势的情况下，才能说所处的位置越低，相对风险自然更低。不能将上升趋势和下跌趋势混为一谈。
>
> 还是以上面的案例进行延伸分析，比如：若是在牛市阶段的 4000 点介入的投资者在之后的上涨过程中一直没有卖出，在熊市形成阶段的 3500 点介入的投资者，由于没有出局机会也没有卖出，大盘随后跌到了最低的 1664 点，如果从很长远的角度，仅针对大盘指数来说，此时说在越低的点位介入风险自然越低当然是完全正确的。因为，从 1664 点上涨到 3500 点，当然要比上涨到 4000 点更容易。

如图 7-3 所示，虽然 A 点所处的位置比 B 点更低，但是，A 点是处于从图中最高点 3684 点（更宏观的应该是从 5178 点算起）下跌到2638点之后的反弹阶段，此时，大盘处于半年线和年线之下，显然大盘的长期趋势明显走坏，中期趋势还不明朗，又面临接近60日均线压力的大背景下。

而B点虽然所处的位置比A点高出很多，但是，大盘早就在半年线和年线之上了，处于中期明显已经走好的情况下。至于B点不久大盘就出现重要的阶段性高点，随后大盘也出现较大幅度的下跌，一度还跌破了年线，这一点和笔者经常强调的在阶段性高点附近去参与题材股的操作风险往往更大并不矛盾，因为，这一观点首先是建立在同一类型题材出现在不同位置而论的。另外，总是有极少数个股由于题材过于强大会无视大盘的涨跌而逆势逞强，但是，那毕竟是极少数的，不能因为个别因素就忽视对整体性风险的防范。

可见，苏宁云商之所以没有走出与三江购物类似的走势，与大盘当时处于较为不利的位置有很大关系。当然，还有一点也很关键，仔细分析两家公司的公告，会发现阿里巴巴泽泰合计募资15.21亿元成为三江购物的第二大股东，而淘宝（中国）软件认购金额为282.33亿元成为苏宁云商的第二大股东，从投入的资金量来看，后者是前者的18.6倍，显然要大很多，但是后者的走势为什么不如前者呢？即使是大盘所处的位置不如三江购物理想，但是，至少也是处于大跌阶段已经结束，短期明显不太可能会出现大幅下跌的趋势，投资额大十几倍也应该能够适当对冲掉大盘当时所处位置不太很理想的不利因素吧？

的确，按照正常的逻辑可以这样理解，但是，最关键的原因出现在两者流通市值上。三江购物的流通盘4.02亿，公告出来前一天的收盘价为12.71元，而苏宁云商的流通盘50.2亿，公告出来前的收盘价为11.06元，可见，两者收盘价相差不大，流通盘却相差了12.48倍，三江购物的流通市值是51亿多，苏宁云商的流通市值是554亿多，流通市值相差了10.86倍，也就意味着炒作苏宁云商要比炒作三江购物花费更多的资金，市场主力当然会选择流通市值要小得多的三江购物来炒作了。

> 【要点提示】在炒作同一类型题材时，若是在个股所具备的题材强度相差不大的情况下，市场往往会选择流通市值较小，或业绩较差，或是股价更低的个股进行强力炒作。
>
> 在题材股炒作时，投资者应尽量避免去选择业绩较为优良，或流通市值很大，或股价过高的个股介入，明白了这一点十分重要，尤其是某一行业或是概念板块出现重大利好时，在选择最有上升潜力的龙头股方面具有极其重要的作用。

7.2 要约收购促使股价狂飙

股市中各种题材种类繁多，但是，实际控制人发生变更，尤其是变更为较有实力背景的公司，往往最易受到市场的热烈追捧。股权变更的方式有很多，这里介绍的是与其紧密关联的以要约收购作为催化剂而产生的重大投资机会。这里涉及要约收购这个术语，要想搞清楚为什么下述案例中的四川双马（000935）由于具备这个题材就会疯狂暴涨，自然就需要对其相关方面有一个清楚的认识。下面就简单解释一下什么是要约收购和豁免要约收购。

要约收购是指收购人通过向目标公司的股东发出购买其所持该公

司股份的书面意见表示，并按照依法公告的收购要约中所规定的收购条件、价格、期限以及其他规定事项，收购目标公司股份的收购方式。

豁免要约收购是指收购人在实施可触发法定要约收购的增持行为时，依法免除发出收购要约义务。在中国，受理和批准豁免收购要约请求的机构是证券监督管理委员会。根据《中华人民共和国证券法》规定，任何人持有上市公司的股份如由低于百分之三十增持到超过百分之三十（此种较常见），或由低于百分之五十增持到超过百分之五十，就需要向其他股东提出全面收购的要约，但该股东可以向证监会申请豁免。

四川双马在2016年7月的价格还不到7元，在随后的几个月里，股价翻了6倍达到了42元。该股之所以会有如此惊人的表现，是各种因素共同作用的结果。首先，其时大盘处于震荡上扬的阶段，较好的大盘环境是个股能有超乎寻常表现的先决条件；其次，四川双马未来的大股东具有极其雄厚的背景，而且，要约收购这种题材在市场中出现概率很小，题材的稀缺性也大大加强了炒作的力度。

一家公司发出了要约收购的公告，其实就意味着给该公司股票的价格上了一道保险。比如，四川双马的要约收购价格为8.09元，就表示在交易市场中，投资者只要低于8.09元买入该股，在限定的期间内卖给公司就是稳赚不赔的，也就是将购买该公司股票的投资者的最大亏损幅度已经锁定了，而上涨空间却取决于市场的炒作程度。理论上说就是风险有限，而收益无限。

提到四川双马，自然就要了解和谐恒源的实际控制人林栋梁和IDG（技术创业投资基金）。该基金于1989年11月在北京进行了第一个试验项目的风险投资。至2004年6月，IDG技术创业投资基金已在中国投资了2亿多美元，扶植了120余家中小型高新技术企业，其著名投资人包括熊晓鸽、周全、林栋梁和王功权等，其市场影响力非同小可，因此，给市场投资者带来的想象空间也是巨大的。

四川双马在2016年7月14日晚间发布第一次披露将要约收购的信息，在2016年9月7日晚，四川双马发布要约收购报告书。报告书显示，股权受让方和谐恒源以及天津赛克环通过受让上市公司50.93％股权并成为四川双马的控股股东而触发全面要约收购。本次要约收购并不以终止四川双马上市地位为目的。这是四川双马股权受让方——和谐恒源、天津赛克环按照规定做出的要约收购行为。8月22日，四川双马曾公告原大股东拉法基与和谐恒源以及天津赛克环签署了《股权转让协议》。转让完成后，拉法基退出第一大股东地位，和谐恒源实际控制人林栋梁将成为上市公司新的实际控制人。

最近一段时期以来，控股股东高溢价转让控股权的现象激起市场强烈的炒作热情。而随着9月9日证监会《上市公司重大资产重组管理办法》修改版的发布，重组借壳行为开始进入新一轮的博弈。按照管理办法，借壳变得非常困难。"高溢价转让股权"成了变相卖壳的替代手段，一些资金实力雄厚的产业资本选择用高溢价大比例收购一些优质的类"壳"资源的股权。

市场此轮炒作四川双马，归根结底其实炒的还是IDG资金的合伙人林栋梁，自1995年以来林栋梁负责过IT领域内的多个投资项目，业绩显著。他曾任国务院发展研究中心高级研究员，从事经济政策研究。1984年毕业于清华大学计算机系，1986年获清华大学MBA，1992年至1993年就职于纽约花旗银行。林栋梁具有丰富的产业经验，其中几个著名的创业案例包括：1999年参与搜房网的创立，时隔11年后搜房网成功上市，最初投资获得了100倍以上的回报；2003年林栋梁投资网龙，2007年网龙于香港上市，2009年林栋梁继续支持网龙内部孵化的 91 无线，2013 年 91 无线被百度收购，成为中国互联网史上最大并购案。从林栋梁优异的个人履历和诸多成功投资案例就不难发现，这是一个在投资领域极有战略眼光的著名投资家，那么，市场预期四川双马未来主业可能会变更为发展潜力巨大的新兴产业，继而就对四川双马进行了疯狂的炒作。

IDG 入主使得四川双马具有了较大的想象空间，这也是四川双马被炒作的根本原因之一。股权转让形成赚钱效应的背后逻辑就在于，一方面，新的大股东一般都具备较强的资金和资本实力，股权转让让市场投资者对公司业务转型有了良好的预期；另一方面，新的大股东强大的资本运作能力与决策能力往往是原控股股东股权对于受让方的必备条件，通过重组改善上市公司的经营水平，从而使盈利预期提升。业务转型与业绩改善两大因素叠加，也就最终转化为投资者预期的变化，继而有效地形成了股价暴涨的催化剂。

上面深入分析了四川双马疯狂暴涨的内在原因，下面就看看该股几个月的走势情况，如图 7-4 所示，为四川双马 2016 年 6 月～2017 年 1 月的日线图。

四川双马在 2016 年 7 月 14 日晚间发布公告，公司接到大股东——拉法基中国海外控股公司通知称，拉法基中国拟向除拉法基瑞安（四川）投资有限公司以外的四川双马全体股东发出全面要约收购。本次要约收购的要约价格为 5.64 元/股。本次要约收购所需最高资金总额为人民币 10.65 亿元。目前，四川双马共有符合要约收购要求的无限售流通股 1.88 亿股。停牌前，四川双马的股价为 6.52 元。相较之下，要约价低于现价 13.5%。这个公告公布之后公司又停牌了一个多月。

直到 8 月 22 日晚间公司披露，由于日前北京和谐恒源科技有限公

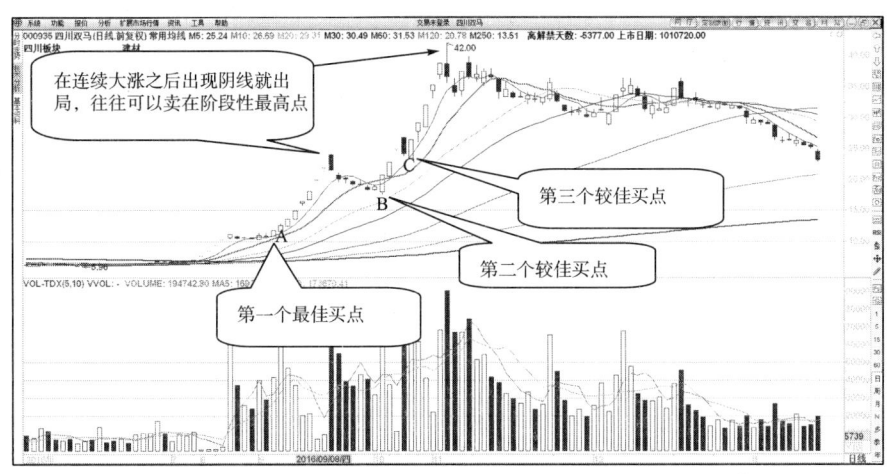

图 7-4 四川双马 2016 年 6 月～2017 年 1 月的日线图

司及其一致行动人天津赛克环合计以协议方式受让 50.93％四川双马股权，收购比例超过了 30％，自动触发全面收购要约，四川双马同时披露了要约收购报告书。

公告显示，本次要约收购的要约价格为 8.09 元/股，高于四川双马停牌前收盘价 7.01 元/股 15.4％，更是高于停牌前 30 个交易日加权平均价格算术平均值 6.38 元/股 26.8％。对于两次公告，有两点值得重点留意，一是第一次要约收购价比当时二级市场的现价低 13.5％，而第二次高于现价 26.8％。二是第一次没有披露更有价值的炒作素材，但是，第二次公告明确提到了北京和谐恒源科技有限公司这个很有背景的公司，继而为该股复盘之后的暴涨提供了强有力的支撑。

触发要约收购的 A 股上市公司控制权转让并不多见，直接触发要约以及溢价收购凸显出收购方对于此次收购的决心，更显示出其对于公司未来发展的信心。据四川双马相关人士介绍，股份转让和要约收购都将在符合法律法规、监管规则的前提下展开，努力创造上市公司、投资者的多赢局面。

涨停解码
买卖先机(之三)

下面再来分析一下四川双马在技术走势方面的特点，以及最佳的买卖时机应该如何识别。四川双马整个炒作过程明显分为三波行情。第一波行情是从该股复盘之后就走出了连续5个一字涨停，第六天是涨停被打开的第一个交易日，也就是绝大多数投资者有机会买到该股的第一天，虽然该股收盘也大涨了9%左右，但是，在多个连续涨停被打开的第一天没有以涨停收盘，往往是短期将进入调整的信号。

之后该股进行了5天的震荡整理。随后就以涨停拉开了第二波上涨的序幕，这一波在9天内上涨了122%，涨幅十分惊人。这波行情又可以分为两个阶段，而且是呈现出越走越强的态势。第一阶段是从第一天涨停启动开始的三天，这三天的走势有一些违反常规，通常异常强大的题材股在第二波行情启动初期往往会连续多个涨停，这种现象之所以较为普遍，其实是有很强的市场炒作逻辑的。一般股票由于突然公布重大利好就会连续一字涨停，这样的状态即使投资者再看好也是无法买到的，因此不能真实反映最广大投资者的买卖意愿。只有在涨停打开之后经历过短期的调整，再观察该股是否可以再创新高继续上涨，才是考虑是否择机介入的前提条件。在市场中绝大多数之前连续一字涨停的个股是不会有第二波行情的，一般题材强大的个股都是启动之后随着涨幅越来越大，走势也逐步趋弱，道理很简单，涨幅越大就意味着后续可能下跌的概率逐渐增大，市场投资者就会更加谨慎了。但是，四川双马的第二波走势较为特别，在以涨停启动，而且是创出此轮行情新高的良好形态开始了第二波上涨之后，在第二天和第三天虽然最高都曾达到了涨停附近，不过，收盘分别上涨了7.1%和7.5%，这对一般股票来说，两天上涨15%也是极其可观的，但是，在异常强大的题材股的第二波初期没有出现连续涨停是有些出人意料的。不过，情况很快得到了逆转，随后该股进入第二阶段，连续6个涨停，而且第七天最高也达到了涨停，以极其强劲的走势结束了第二波炒作。

造成四川双马第二波走势有违常规的原因主要有两点：一是最初市场投资者对于和谐恒源的实际控制人林栋梁的强大背景没有足够的了解；二是由于要约收购这个题材出现的机会较少，大量的投资者对这类题材的炒作价值不太清楚。

下面再来看看四川双马的最后一波走势。该走势可以说是罕见超级题材的标准走势，也就是一波上涨过程中以连续多个涨停快速实现翻倍，而且中途只调整一天，次日就在此以涨停拉开继续疯狂上涨的序幕。四川双马在第三波启动后连续走出3个涨停，其中第三个是一字涨停，物极必反，一字涨停由于换手率很低，加上次日该股又以大涨7.03%开盘，短期获利盘巨大，加上涨幅较大，于是就遭遇了市场巨大的抛压，导致该股放出此轮要约收购行情的最大成交量。该股虽然当天收盘只下跌了3.87%，但是，从最高价算起，该股一天的最大回调幅度达到了12%，这也导致该股在次日低开3%左右1分钟后就快速上扬，分时走势极其流畅，最高上涨到9%左右，并在10:01就早早封上了涨停。随后该股走出了连续5个涨停，第六天最高还达到过8%的高位，结束了要约收购题材的完整炒作过程。

如图7-4所示，四川双马最佳买入时机出现过三次，第一次是连续一字涨停见顶之后，经过几天调整再次启动的A点，这是题材炒作通常风险最低的最佳买点；第二次是在第二波调整之后再次启动的B点；第三次是在出现大阴线，但是第二天就以涨停逆转的C点。对于这类走势强劲的个股，由于在当时是无法准确知道究竟会有几波行情，为了既获取可能较大的收益，又要控制好风险，最好的策略就是在连续大涨之后，只要见到阴线，或是当天没有再创新高就先择机出局，

除非是次日涨停或是再创新高,才考虑是否再次介入。按照这一操作原则,显然会有三次卖出信号,除了第二次卖出后,在次日根据买入原则再次买回,可以享受到后续连续5个涨停以外,另外两次卖出就是每一波行情的最高点卖出。可见,只要掌握一些走势的规律,是可以在控制风险的前提下获得最大收益的。

➡【要点提示】由于题材股的波动较大,而且各种可能走势都会发生,因此在买入前就应该设置止损条件。对于像四川双马这类股票,若是没有在启动第一天的最佳买点介入,一般可以设置为当跌破该天的最低价就出局,当然,要想将可能亏损的幅度控制得再小一些,完全可以设置为后续若回调超过5%,或是跌幅超过前一天涨幅的一半就出局。通常真正题材异常强势的个股是不会达到这一条件的。

若是在每一波上涨的中途介入的,也有几种不同的止损策略供大家参考,最激进的就是只要没有破前一天的最低价就不出局;其次,就是当天若是在收盘前几分钟还无法创出新高也出局;最后就是当天只要收盘前几分钟还没有涨停就出局。

以上止损策略的止损条件是依次提高的,可能损失的程度也是逐一递减的,具体采取哪一种策略,主要依据个人的心理承受能力以及对技术走势把握的水平而定了。

7.3 共享单车让老树发新芽

上海凤凰（000679）是1993年就上市的老股票，经营范围从最初主要生产自行车，逐步扩展到助动车、两轮摩托车、童车、健身器材、自行车工业设备及模具等多个领域，但是，业绩常年处于微利状态，在股市中的表现也较为一般。不过，从2016年10月底开始，不到两个月的时间上海凤凰股价从17.3元上涨到了46.08元，涨幅达到了惊人的166%。要知道，其间大盘刚好是从阶段性的最高点3300点下跌到了3100点，在这样不利的大背景下能够走出如此亮丽的走势，可以说是极其难得了。

投资者都想知道究竟是什么原因导致该股逆势走出一波强有力的大行情，虽然多数人将原因归结于共享单车，那毕竟只是猜想，因为上海凤凰虽然是老牌自行车企业，但是，并不能保证就可以从中获得多大的收益。能够较明确揭示上海凤凰和共享单车具有直接联系的报道最早出现在2016年12月20日的媒体上，文章的全文如下："共享单车成为2016年下半年最火热的互联网创业项目后，迅速拓展海外。12月23日，ofo创始人兼CEO戴威表示，ofo将进军海外市场，已开发独立的海外APP（包括安卓、iOS版本）提交审核，首批共2万辆单车，将投放在硅谷的Google、Facebook等园区，以及英国伦敦等欧美地区。在海外投放车辆上，戴威表示，车辆与上海凤凰自行车厂进行定制开发，在国内生产之后，再运往国外投放。"

上海凤凰此波大涨既然是因为共享单车引起的，就应该先了解一下相关的信息。共享单车是指企业在校园、地铁站点、公交站点、居

民区、商业区、公共服务区等提供自行车单车共享服务，是一种分时租赁模式。共享单车是一种新型共享经济。第三方数据研究机构比达咨询发布的《2016中国共享单车市场研究报告》显示，截至2016年底，中国共享单车市场整体用户数量已达到1886万，预计2017年，共享单车市场用户规模将继续保持大幅增长，年底将达5000万用户规模。

报告指出，中国共享单车市场已经历了三个发展阶段。2007～2010年为第一阶段，由国外兴起的公共单车模式开始引进国内，由政府主导分城市管理，多为有桩单车。2010～2014年为第二阶段，专门经营单车市场的企业开始出现，但公共单车仍以有桩单车为主。2014年至今为第三阶段，随着移动互联网的快速发展，以ofo为首的互联网共享单车应运而生，更加便捷的无桩单车开始取代有桩单车。2016年底以来，国内共享单车突然就火爆了起来，各大城市的路边排满了各种颜色的共享单车。

目前，中国共享单车市场中ofo和摩拜两家企业优势比较明显。在此简单介绍一下与上海凤凰有合作关系的ofo的情况。ofo小黄车是一个无桩共享单车出行平台，缔造了"无桩单车共享"模式，致力于解决城市出行问题。用户只需在微信服务号或APP输入车牌号，即可获得密码解锁用车，随时随地随取随用，也可以共享自己的单车到ofo共享平台，获得所有ofo小黄车的终身免费使用权。2015年6月启动以来，ofo已经连接超过250万辆共享单车，提供5亿次共享单车出行服务，为全球46座城市超过3000万用户提供便捷的出行服务。可见共享单车是目前和人民生活密切相关的热点话题，这样的题材也往往更容易受到市场的关注。而上海凤凰又是和目前共享单车市场中的龙头合作，因此，也给市场投资者炒作该股提供了充足的理由。

下面再来看看上海凤凰较长时间的大形态，如图 7—5 所示，为上海凤凰 2015 年 11 月～2017 年 1 月的日线图。

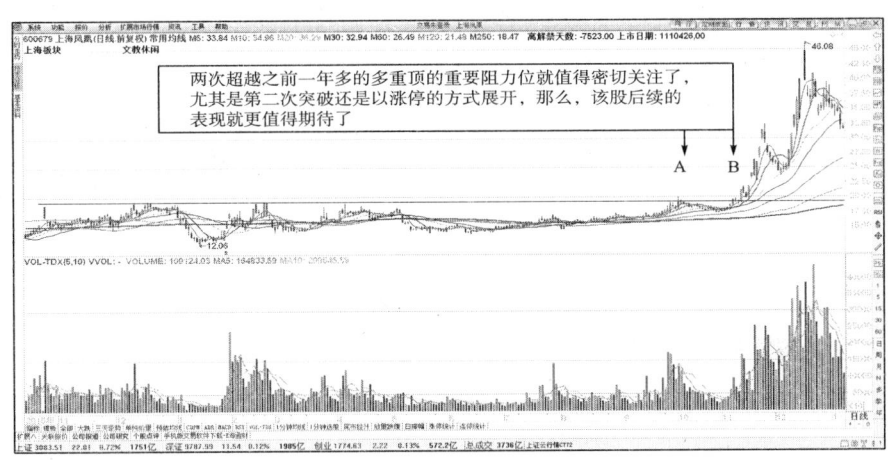

图 7—5　上海凤凰 2015 年 11 月～2017 年 1 月的日线图

上海凤凰此波的大涨行情，和绝大多数由于上市公司公告披露重大利好消息所导致的情况不同。该股在 2016 年 12 月 19 日见顶，在整个大涨期间都是市场根据该股的不断暴涨，要么将其归为上海国企改革概念，要么只是猜想该股会在 2016 年共享单车急速扩张中受益，当然，后面这一猜想的确成为了现实。若是依据 12 月 23 日的媒体报道，投资者才知道上海凤凰和共享单车 ofo 是合作伙伴关系，这已是上海凤凰见顶之后的第四天，更具戏剧性的是该股当天收盘跌停了。可见，炒股是绝对不能只以题材来交易的，首先要看利好公布时个股之前的涨幅以及目前所处的位置。对于像上海凤凰这种在正式利好没有出台前，就已经出现了几倍涨幅的个股，在通常情况下很难再有进一步的较好表现。

那么，问题就出来了，不能及时依据公开信息操作，那怎样才能抓住这次难得的重大机会呢？方法当然是有，就是要将重点放在技术分析方面。具体来讲就是主要留意大形态和逆势异动情况。下面就来分析上海凤凰的大形态。上海凤凰之前一年多的时间里市场处于波澜不惊的走势，没有什么特别之处。但是，10月10日和11月10日两次超越之前一年多的多重顶的重要阻力位就值得密切关注了。因为仅仅从单纯的技术分析的角度来看，这样的走势在形成有效突破之后，后续一般都会有较好的表现，尤其是第二次突破还是以涨停的方式展开，那么，该股后续的表现就更值得期待了。

为了更加全面地了解该股，就应该对大盘在几次大跌期间的表现进行分析，如图7-6所示，为上海凤凰2016年7月～11月的上证指数叠加日线图。

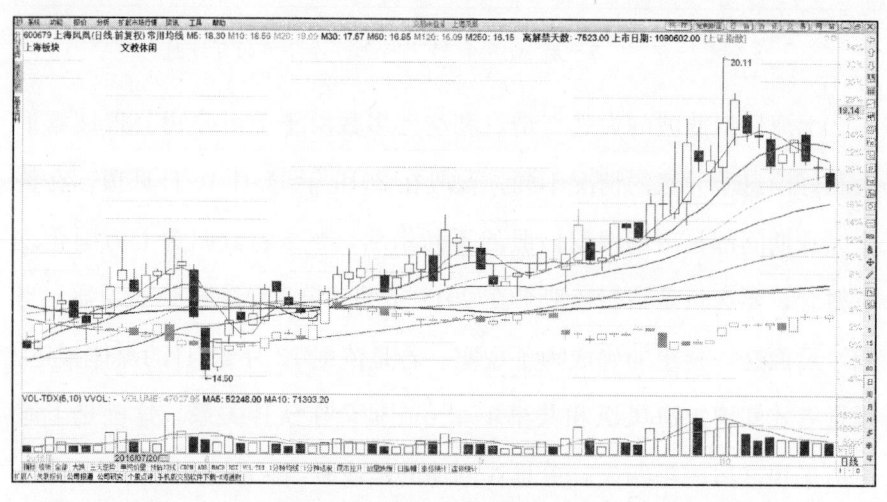

图7-6　上海凤凰2016年7月～11月的上证指数叠加日线图

上图是上海凤凰和上证指数几个月的百分比叠加图，颜色暗淡的是上证指数，明显可以看出上海凤凰在此期间明显是逆势上涨的态势，而且，在这几个月中大盘跌幅最大的几天，上海凤凰均是逆势上涨或是以平盘收盘的。上证指数和上海凤凰这几天的涨幅情况分别为7月27日为-1.91%和3.55%，9月12日为-1.85%和0.5%，9月26日为－1.76%和0%。要想在大盘某一天大跌时逆势上扬，这个比例应该在10%～20%，若是大盘两天大跌中都逆势上涨，这种概率可能只有2%左右，要想在大盘三天大跌时均逆势抗跌，这样的股票就是凤毛麟角了，而上海凤凰就是这样的屈指可数的几只强势股之一，自然值得投资者高度关注。

连续几天逆势上涨的个股值得投资者高度关注，这也是从投资心理学的角度得出的结论。想想看，在大盘出现大跌，绝大多数个股均大幅下跌的情况下，是什么原因导致市场中一些有实力的投资者在强力做多？要知道在大盘大跌的情况下逆势做多的代价是很大的，必须承受比在大盘正常情况下多很多的抛盘。对于股价处于历史低位，连续几天出现逆势上涨的个股，最合理的解释就是该股具有较好的市场预期，大量的投资者担心目前不马上介入，可能就会错失良机，这充分证明了市场投资者对该股后续的目标值期待较高。

多次逆势上涨是挑选强势股的一个较为有效的方法，但要想最快捷地实现这样的选股，就必须依靠选股程序来完成。当然，通过阶段排序功能，也可以将某一天的涨幅按照降序排列，再重复一次将另外一天的涨幅前列的个股选择出来，分别将这两天的数据存入两个板块中，再用通达信的品种组合计算功能，也可以选出在这两天都符合要求的个股，但是，这样的操作显然很麻烦，无法和点击一下条件选股，等候几十秒就出现想要的结果的方式相提并论。

在股票分析系统默认的大量选股程序中，是没有这样的实用程序的，下面就将笔者自己编制的逆势上涨程序介绍给大家，希望给投资者的快速分析提供一点帮助。由于多次逆势上涨的个股数量极少，在此分享给大家的是实用性更强的两天逆势上涨的程序。当然，有兴趣的投资者完全可以照猫画虎地另外增加一段程序，再在最后一句用

AND 连接起来就变为三天逆势了。两天逆势的具体程序如下：

Z:=0;

Z1:=0;

R:=1160727;

R1:=1160912;

D:=(REF(C/REF(C,1),BARSLAST(DATE=R))−1)*100;

D1:=(REF(C/REF(C,1),BARSLAST(DATE=R1))−1)*100;

REF(C>=O AND D>=Z,BARSLAST(DATE=R)) AND REF(C>=O AND D1>=Z1,BARSLAST(DATE=R1));

➡ 【要点提示】介绍一下这个程序的使用方法：Z 和 Z1 分别表示两天对比的涨幅标准，也就是说，要求个股在哪两天大盘出现较大跌幅时，个股涨幅达到多少才会被程序选出。R 和 R1 分别是需要选择的那两天大盘出现较大跌幅的日期，也就是说，使用者将想要进行对比的那两天的日期输入即可。以 1160727 的日期格式为例，就表示 2016 年 7 月 27 日，若是 2000 年以前，第一位就为 0。

这两项可以根据使用者的要求灵活调整。主要的设置原则就是依据大盘当天的跌幅大小，来设置相应的个股涨幅。比如在大盘跌幅为 2% 时，通常设置为 3 是可以的，但是，在当天大盘跌幅为 5% 时，就应该设置得相对更低一些了，否则，设置过高的结果就会导致符合要求的个股少之又少。究竟设置多少只合适，使用者可以根据选出股票的只数的多少来进行多次更改尝试。

下面再来看看上海凤凰这波共享单车大行情的走势情况，如图7-7所示，为上海凤凰2016年9月～2017年1月的日线图。

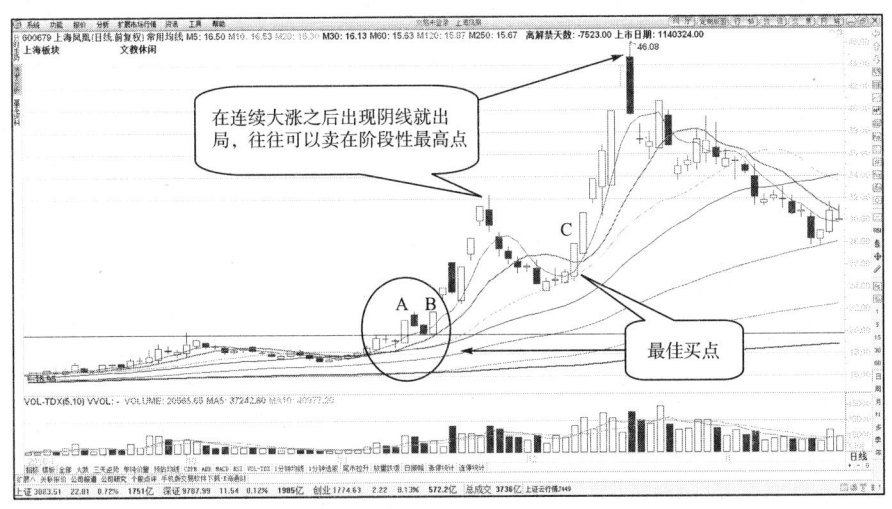

图7-7 上海凤凰2016年9月～2017年1月的日线图

上海凤凰在图中圆圈里的走势很有特点，首先是一根上涨4.7%阳线，随后以两根十字星做了短线调整，随后在A点以涨停第二次突破之前一年多的重要阻力位之后，又调整两天于B点处再次涨停。这个圆圈走出了两组两根较大幅度的上涨阳线、中间调整两天的组合走势，只不过后面一组明显走得更强了，因为大涨的两天都是以涨停这种最强势的方式出现的。从B点开始的6天内，上海凤凰就出现了5个涨停，强势特征一览无余。上海凤凰第一波上涨了86%，随后进行了7天的大幅调整。从C点以涨停启动开始，就宣告进入了第二波的大涨阶段，在此期间该股在6天就出现了5个涨停，整个行情的涨幅相当可观，上涨的持续性也很好。

在前面介绍过的当出现前一天收出大阴线，而次日却以涨停收盘时，只要不是在很高的位置，而且不是在连续3个涨停以上才出现的情况，那么，此时买入往往短期还会有一定的上涨动力。其实，若是按照之前讲过的在连续大涨之后见到大阴线就出局这一操作原则，显然会有三次卖出信号，除了第二次卖出后，在次日根据买入原则再次买回，依然可以享受到后续连续2个涨停，另外两次卖出点就是每一波行情的最高点，可见，强势股的运行还是有很多规律可循的。

> **【要点提示】** 对于题材股的炒作，一定要把握好时机，否则，操作阶段一过，绝大多数的个股就会进入持续的大幅下跌，被疯狂炒作过的个股往往在很长时间内难以再有较好的表现。对于之前涨幅巨大，突然却出现重大利好消息的个股，投资者要谨慎对待，大多数个股往往会出现"见光死"。这种个股一般是由于利好消息早就被一些机构获悉，因此，提前对股票进行了强力炒作，等到利好公布炒作过程已经结束了，或是仅会产生力度较为有限的行情，上海凤凰显然属于前者。

7.4 低价高送转是罕见良机

高送转题材是每年必炒的热点题材。近年来，高送转个股呈现不断增加的趋势，而且，送转比例从几年前的10送（转）10快速加大到10送（转）30，为此，2017年上半年证监会主席就点名痛批10送（转）30的不正常现象，直接导致高送转股票出现一波大的调整，大多数之前10转30的公司迅速将分配方案变更为10送10或更低。尽管如此，低价高送转股依然蕴含不少的机会，主要就看投资者是否有敏锐的洞察力来发掘了。

在下例中主要讲述一种确定性很强的特殊高送转形式，这种情况不多见，一旦遇到了投资者应该好好把握，因为涨幅往往十分可观。这种高送转形式的核心就是超低价加上历史低位。先来看一下该股的大趋势，如图7-8所示，为营口港（600317）大趋势日线图。

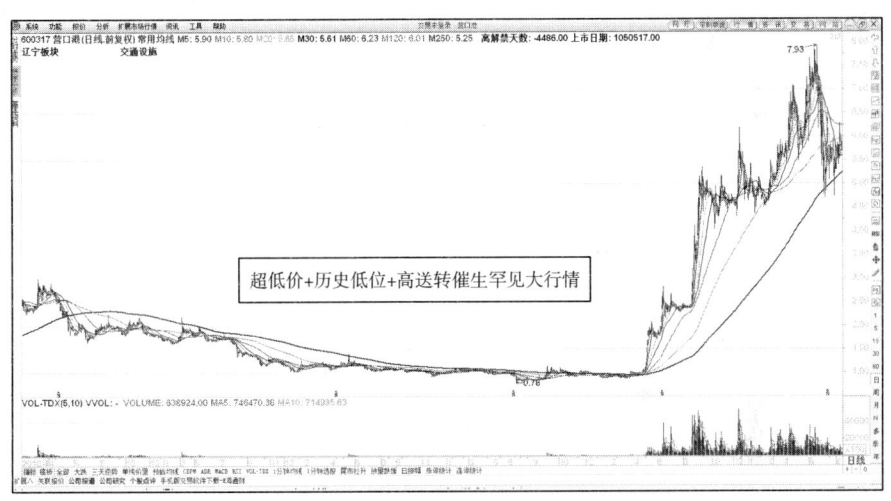

图7-8 营口港大趋势日线图

从图中可以看出，营口港启动前一直处于长期下跌，随后又横向震荡了较长时期的阶段，处于历史低位就是未来上涨较为有力的支持因素，而且营口港在不复权的情况下，2014年4月25日公布10转20高送转预案的前一天收盘价仅为2.18元。想想看，这么低的股价，再加上10转20的强大题材，股价的上涨空间至少应该有多大其实可以按照下面的对比分析来简单计算一下。

2014年4月24日当时股价最低的是山东钢铁、马钢股份、南钢股份、中国中冶，股价分别为1.6元、1.62元、1.68元和1.69元。

四只股票流通股分别为 208 亿、180 亿、124.8 亿和 829.8 亿，而营口港当时的流通盘只有不到 11 亿，显然和前面那些百亿大盘股相比，流通盘小了十几倍到几十倍，这就是巨大的优势。要知道在 A 股这样的特殊市场中，在其他方面相差不大的情况下，如果流通盘相差十倍以上，通常流通盘小的个股定价要高 50%～100% 以上。下面就进行简单的计算：按最保守的预计，在不考虑流通盘只考虑最低股价的情况下，营口港如果 10 转 20 除权之后，最低也不应该低于 1.6 元，也就是说在没有除权前至少应该是 1.6×3＝4.8 元，但是，更加准确的话必须要考虑流通盘的因素，那么，营口港的股价最起码当时就应该在 4.8×1.5＝7.2 元～4.8×2＝9.6 元之间，这样的计算是有很强逻辑性来支持的。实际上依照营口港最高价 7.93 元计算，不复权的情况下就是 23.79 元，可见计算的至少 7.2～9.6 元是很保守的了。

看完了营口港的大趋势，也就明白了该股暴涨的根本原因。下面来看看该股整个大涨的走势情况。如图 7－9 所示，为营口港高送转以后的行情图。

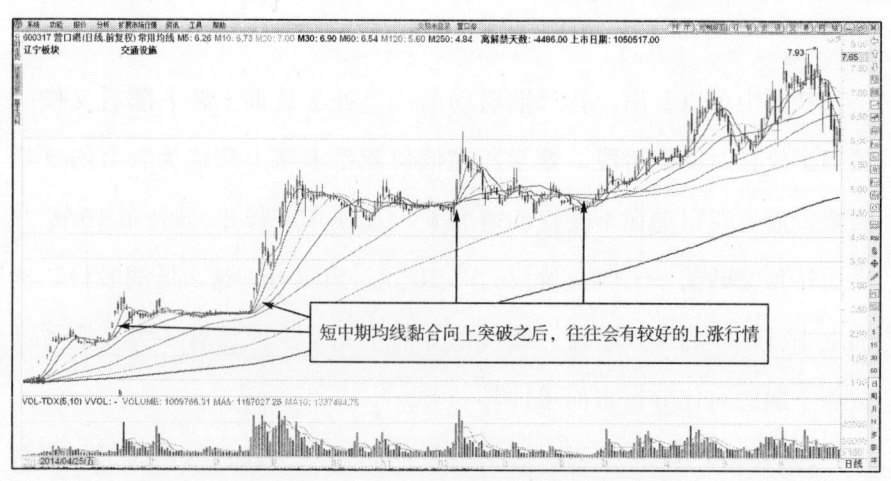

图 7－9　营口港高送转行情图

从营口港公布高送转预案之后，该股就从 2.18 元暴涨到了最高的 7.93 元，涨幅达到了惊人的 2.64 倍。其间出现过多次的短期快速上涨和震荡，不过，一个较为明显的走势特征就是往往在短中期均线处于高度黏合之后，营口港容易走出一波较有力度的上涨行情。明白这一规律，对于投资者选择最佳的介入时机会有很大的帮助。

> **【要点提示】** 绝对价格很低的个股本来就具备一定的炒作优势，若是还具备高送转题材，那么，后续的走势就更值得期待了。

7.5 雄安新区引发全面暴涨

2017 年 4 月 1 日，中共中央、国务院印发通知，决定设立河北雄安新区。雄安新区规划范围涉及河北省雄县、容城、安新 3 县及周边部分区域，地处北京、天津、保定腹地，区位优势明显、交通便捷通畅、生态环境优良、资源环境承载能力较强，现有开发程度较低，发展空间充裕，具备高起点高标准开发建设的基本条件。雄安新区规划建设以特定区域为起步区先行开发，起步区面积约 100 平方公里，中期发展区面积约 200 平方公里，远期控制区面积约 2000 平方公里。

设立雄安新区，是以习近平同志为核心的党中央深入推进京津冀协同发展作出的一项重大决策部署，对于集中疏解北京非首都功能，探索人口经济密集地区优化开发新模式，调整优化京津冀城市布局和空间结构，培育创新驱动发展新引擎，具有重大现实意义和深远历史

涨停解码
买卖先机(之三)

意义。既然设立雄安新区是国家重大决策,那么,必然会在股市中得到充分的体现。

出台设立雄安新区的重大利好消息时股市还在休市,等到4月5日清明节收假后股市开盘交易的第一天,股市就对设立雄安新区的消息做出了强劲的反应,当天收盘有60只左右的雄安新区概念股涨停,其中有一半左右的个股是一字涨停的。而且随后6个交易日里,就有6只个股出现了连续6个一字涨停的疯狂走势,一个板块能够走出如此火爆的行情,即便是在大牛市中也是很难见到的。

一个板块是否具有较强的操作价值,通常有两个判断标准,一是板块的炒作范围是否足够宽泛,也就是说该板块中应该要有较多的个股能走出较好的上涨行情,二是龙头股的上涨力度是否足够大。只有同时符合这两个条件,才有可能成为一个较有炒作价值的强势热点。显然,雄安新区板块在利好公布的一周时间,就已经充分体现出该板块异乎寻常的炒作价值。下面的列表是截至2017年4月12日依然处于涨停,而且绝大多数个股是连续6个一字涨停的雄安龙头股的流通市值情况,如图7-10所示,为雄安龙头股流通市值排行榜。

	代码	名称	涨幅%	现价	涨跌	买价	卖价	总量	现量	涨速%	换手%	今开	最高	流通市值	昨收	市盈(动)
1	601992	金隅股份	-0.58	6.87	-0.04	6.88	6.89	165.7万	171	0.00	2.03	6.88	6.97	559.58亿	6.91	41.62
2	000401	冀东水泥	2.18	16.88	0.36	16.88	16.89	610346	16149	0.00	4.53	16.50	16.91	227.40亿	16.52	--
3	002342	巨力索具	3.67	12.43	0.44	12.43	12.44	181.8万	29133	0.00	21.00	11.90	13.06	107.60亿	11.99	211.29
4	002554	中化岩土	3.12	13.23	0.40	13.23	13.24	931012	12876	0.00	14.96	12.62	13.56	82.32亿	12.83	154.77
5	300137	先河环保	-0.79	26.37	-0.21	26.36	26.37	397709	5649	-0.03	13.45	26.45	26.88	77.98亿	26.58	172.33
6	000923	河北宣工	4.37	31.76	1.33	31.76	31.77	183843	4987	0.00	9.29	30.15	31.80	62.88亿	30.43	--
7	603616	韩建河山	-0.15	26.62	-0.04	26.66	26.67	306780	38	0.11	20.82	25.70	27.10	39.23亿	26.66	2118.62

图7-10 雄安龙头股流通市值排行榜

> **【要点提示】**通常情况下,一个重大热点题材的龙头股往往会贯穿行情始终,但是,如果大盘或是个股处于相对高位,或是行情初期的龙头股的股价过高,或是个股的流通市值太大,那么,在第一波行情过后,市场往往会重新选择更有利的个股来成为新的龙头股。

依据上面所述热点龙头股是否会更替的判断标准分析,即使不考虑具体个股的情况,仅大盘而言,在2017年4月时大盘显然处于较高的位置,因此在列表里第一波大涨行情中的那些龙头股,除了韩建河山和先河环保以外,其他大多数个股在后续两个月内均没有较好表现也就不足为奇了。而且,大多数个股连第一波的高点都没有超越。

从图7-10中可以看出,流通市值最小的3只个股分别是先河环保、河北宣工和韩建河山,在前面讲过,在后续两个月内走势最佳的个股就有先河环保和韩建河山,可见,流通市值较小往往更容易得到市场的热烈追捧。不过,这次雄安新区大行情中,表现最佳的不是上述列表中的任何一只个股,而是和河北宣工有着同样行业背景的冀东装备。冀东装备和龙头河北宣工的行业均为工程机械,两者的行业属性显然最具可比性。河北宣工2014~2016年的每股收益分别是0.02、0.004和0.011元,冀东装备2014~2016年的每股收益分别为-0.38、-0.9和0.1元,这两只个股明显都是典型的绩差股。河北宣工的流通股本为1.98亿股,冀东装备的流通股本为2.27亿股,二者也相差无几。可见,无论是行业属性,还是业绩和流通股本,河北宣工和冀东装备都十分相近,但是,一个定价在44.3元,另一个定价在20.7元,这么大的价差其实就提供了绝好的投资机会。

河北宣工在第一波行情高点时的股价达到了44.3元,这样高的股价指望后续再有什么较好的表现显然是很难的了。而冀东装备在4月12日收盘时的股价却只有20元左右,不到河北宣工的一半,若是预判雄安新区后续还会有机会,新龙头很可能会由冀东装备来担当就在情理之中了,因为对于建设新区而言,从炒作逻辑上来说,最先受益的就是钢铁、水泥和工程机械行业的个股。

如图7-11所示,为冀东装备(000856)2017年2月~5月的日线图。

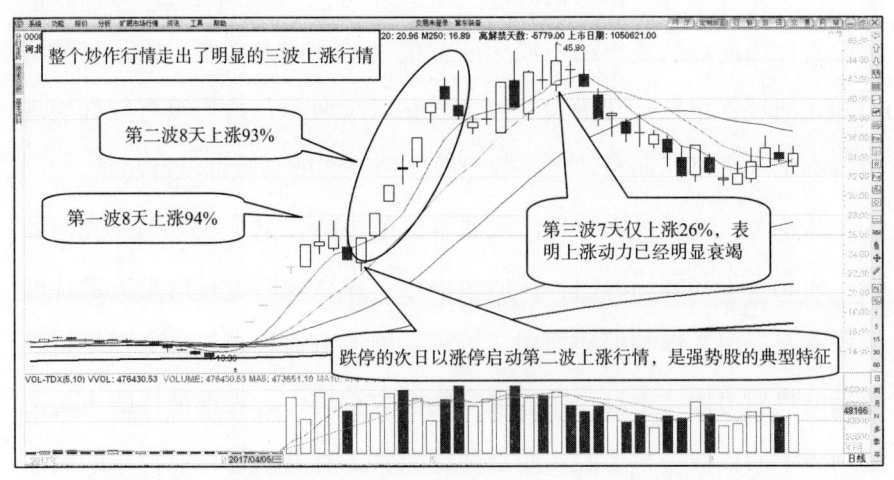

图7-11　冀东装备2017年2月~5月的日线图

在雄安新区第一波行情中,连续一字涨停的几个龙头股是在4月12日或是次日见顶,而在4月12日之后的3天,冀东装备就已经显露出第一龙头股的霸气了。因为该股在4月12日依然是以一字涨停,第二天继续涨停,第三天冲高回落,最高也达到了涨停。这样的表现在雄安新区龙头纷纷进入大调整的情况下,就显得格外抢眼了。新龙头冀东装备随后也将设立雄安新区这重大政策利好在股市中发挥到了极致。

第一波大涨之后，冀东装备也呈现出热点强势股较为典型的调整形态，即调整时间较短，调整幅度适中。一般热点强势股调整的时间不会超过8天，大多数是在6天以内，调整的幅度是在11%～20%，冀东装备调整了4天，调整幅度为19.3%，调整时间比较正常，调整幅度接近一般调整幅度的下限主要是由于之前涨幅过大，从14元多短短几个交易日股价就达到了27.56元，涨幅接近翻倍，在这种情况下短期调整19%其实也很正常。

　　调整期间唯一一根阴线收盘时达到了跌停，但是，次日就以涨停收盘，这样急剧的反转走势，一般只有在人气极其旺盛的龙头股上才会出现。随后冀东装备在8个交易日又暴涨93%！王者风范显露无遗。之后只调整了两天，调整幅度仅为15.4%，又在随后7个交易日艰难地上涨了26%，之所以说艰难上涨，看看该股在其间的走势就清楚了，该股在第一波用8个交易日上涨了94%，第二波用8个交易日上涨了93%，而第三波用7个交易日上涨了26%，上涨时间比前两波仅少了1天，涨幅却明显要小很多，而且，最后一波上涨行情，基本上都是一根阳线后续就会紧跟着出现一根阴线，持续上涨的动力明显不足了。冀东装备用这样的方式完成了该股第三波的上涨，同时也宣告该股整个行情炒作的结束。

　　最后强调一点，之所以河北宣工和冀东装备在各方面的情况都十分类似，但在第一波行情炒作高点时，却出现一倍多的价差，和冀东装备之前是ST股有直接的关系。设立雄安新区的利好是在4月5日股市开盘的第一天开始体现的，而冀东装备是从4月6日，即利好体现的第二天才脱掉ST帽子的，也就是说，不仅之前由于是ST股，股价和可比性最强的河北宣工相比，本身在定价上就偏低不少，导致河北宣工启动前股价就在25元，而冀东装备只有13元左右，而且，在4

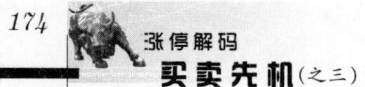

月 5 日涉及雄安新区概念的几十家股票纷纷涨停的情况下，冀东装备由于 ST 股当天最多只能上涨 5% 的规则限制，就比其他个股少上涨了 5%。综合种种原因，冀东装备在最有利的时间点成功脱帽，将涨停限制由 5% 变更为 10%，也是该股能够后来居上，成为当仁不让的龙头股的重要原因。总之，任何一个热点题材的龙头股，都是在各种条件都较为有利的综合作用下，才被市场充分挖掘和认可的。

➡【要点提示】在龙头股可能会不时更替的炒作行情中，决不能简单地认为第一波哪只个股表现最强，后续就认准该股会继续被炒作。相反，应该从行业属性、个股涨幅和定价以及流通市值等方面进行综合分析和对比，找出定价相对更有优势的个股来重点关注。

第 8 章
市场运行的一般规律

不管是哪个领域的资本市场,只要进行深入系统的研究,一定可以发现一些规律性很强的特征。股票市场当然也不例外。股票市场归根结底就是投资者对于未来经济发展前景的博弈,虽然 A 股具有较为浓厚的政策市的特征,继而导致在某些时期股市走势和经济发展状态出现不一致。但是,股票价格的人为干预逐渐减弱,于对违法违规行为的打击力度进一步加大,以及更全面地与国际化接轨的大趋势是不会改变的。

从较长远的角度来看,股市和一个国家的国民经济的发展有着紧密的联系。股市阶段性高低点,其实就是整个市场投资者内心疯狂和恐惧的极限值,而人性弱点——贪婪和恐惧,千百年来都未发生根本性的改变。我们完全可以通过对以往较长时期内股市走势的统计分析,找出那些具有明显规律性的特征,继而为我们的投资行为提供决策依据。

8.1 大盘位置决定风险程度的高低

大盘走势尤其是各种大盘综指是对市场整体情况的一个综合反映，如果只关心个股而不考虑大盘的情况，犹如抛弃了大概率去追求小概率的事件，长此以往，这种交易模式的风险是很大的。因为大多数个股的走势基本上还是和大盘走势趋于一致的。大盘对于交易的重要性主要体现在两方面：一是大盘的位置决定了市场整体的风险程度；二是大盘处于不同的位置，对于短期热点的运行强度有直接的影响。

之所以说大盘的位置决定风险程度的高低，是基于股市牛熊转换这一基本规律得出的，因为国内股市这些年明显呈现出大起大落的运行特征。在经历长期大跌或是暴跌之后就会迎来大牛市，而在疯狂上涨过后，也将进入持续下跌的熊市。从事后运行的结果看，如果不在每一轮熊市到来时及时地出局，损失往往是极其惨重的。因此，处于牛市行情时，一些短期的波动我们可以不予理睬一直持有，但是，必须规避大级别的熊市调整，否则，在之前牛市中的盈利很可能化为乌有，若是介入的点位较高，还会产生较大的亏损。

在较高位置交易的风险主要有两大类，一是当大盘上涨到高位，投资者就会对大盘随时可能逆转抱有十分警惕的戒心，只要一有风吹草动，大家就会纷纷抛售离场。在这样的情况下，个股交易的难度自然也会大幅增加。二是在大盘处于高位时，一旦个股停牌较长时间，在停牌期间大盘又出现大幅下跌，除非个股具备异常强大的题材，否则，个股复盘之后进行补跌将是大概率事件。在这种情况下，往往还是以连续一字跌停的方式展开，导致投资者根本没有出逃的机会。这种风险基本上是无法规避，因为只要是没有内幕消息，正常情况下投资者是不可能提前知道个股何时会停牌的。

既然大盘处于高位时将面临极大的风险，那么，问题的关键就是如何才能判断出大盘目前所处位置是相对的高位还是低位。虽然想要预判出阶段性最高点和最低点的具体时间基本上是不可能的事情，但却可以通过各种特殊的分析方法大体推断出后续可能的发展趋势和大体的涨跌空间，甚至是趋势持续的大体时间。

预测大盘即将见顶的方法多种多样，如果多种方法均预示着大盘即将见顶，那么，大盘见顶的准确性往往就会大幅提高。其中，常用的方法有两种，即技术分析和政策分析。技术分析主要结合上涨幅度和调整的时间来综合判断，一般来说，大盘在之前经历了熊市大跌之后，至少上涨达到一倍左右，若是4个月内都没有再创新高，大盘见顶的概率就增大了。政策分析就是大盘在之前经历了熊市大跌之后，至少上涨达到一倍左右时，监管层开始持续推出调控股市的各种政策，尤其是对市场影响巨大的政策。需要强调的是，在市场处于情绪亢奋的情况下，即使监管层出台了强有力的调控措施，大盘也还是有可能会借助惯性继续上涨一段时间，但是，这种上涨的时间不会太长，监管层看到市场没有理会继续上涨，会不断出台新的调控措施，直到大盘出现逆转为止。

【要点提示】不管是用技术面分析还是政策面分析的方法，都有一个前提条件，那就是之前大盘经历了熊市下跌之后，目前为止涨幅至少达到一倍左右。之所以有这样的限制条件，是因为若是涨幅太小，通常表明目前只是处于牛市上涨的中途阶段。

8.2　明确各种形态的波动程度

股性就像人的个性，不同的个股往往具有各自不同规律的运行特点。比如，市场中活跃的各种热点题材股，通常具有波动大、涨跌转换迅速、经常遭遇停牌等鲜明的特征；而低市盈率的绩优蓝筹股往往呈现波动小和中长期趋势性较强的特点。对于市场中那些走势基本随大盘的个股，操作起来就简单多了，只要紧盯大盘走势来操作即可。

在所有形态中，一字涨停的形态是最为极端的，走出这样形态的个股基本上是因两种原因所致：一是上市公司突发重大利好，导致市场投资者高度看好；一是在个股停牌期间，即使没有任何利好公布，但是，由于停牌期间大盘出现了较大幅度的上涨，个股复盘之后容易以一字涨停的方式进行补涨。是否应该抓住一字涨停的个股机会，是极其考验投资者综合能力的，因为有很多的个股在一字涨停打开之后就出现冲高回落，之后就再也没有像样的投资机会。但是，同样也有一些强势个股在一字涨停打开之后依然会有不俗的表现。

要想判定哪种一字涨停打开之后可以参与，首先，要分析大盘目前处于怎样的环境，这其中也需要注意两点：一是看大盘目前处于怎样的位置，通常在阶段性上涨的末期，投资者应该谨慎为宜，若是在阶段性下跌之后开始反弹的初期，可以考虑适当参与；二是观察目前市场人气的强弱状态。若是目前市场人气较弱，最好不要进行这种过于激进的操作，若是市场人气较为旺盛，在其他条件也不错的情况下，可以考虑适当参与。

其次，就是要看该股的题材和板块效应如何。如果题材异常强大和独特，往往容易走出一波强劲的上涨行情。此外，若是同时具备较强的板块效应，后续持续上涨的概率就将大大增加，对上涨的幅度也值得期待。

除了最极端的一字涨停形态以外，就数每天市场中活跃的各种题材股的走势最为抢眼了。这些个股短期有可能获得较大收益，比较符合游资的操作风格，因此成为市场中最活跃的个股，通常短线投资者也会将这类股票作为交易的优先选项来考虑。日常所见到的各种题材股，往往容易出现涨停或是连续涨停，每天这种类型的涨停个股都会占据当天所有涨停个股的相当大的比例。

除了主要以参与各种题材股为主的短线交易外，还会有大量的投资者选择中长线的操作方式。这两种交易方式各有利弊，短线交易波动大，交易较为频繁，对投资者的技能和心理素质要求都很高。而中长线的交易方式选择的个股往往波动较小，一般是在大盘和个股均处于短中期走势向好的情况下进行，交易的频率相对较低，对于投资者的各项要求也明显要低很多。因此，只有对自己将要参与的个股类型有一个大体的认知，才可能承受和适应相应的波动幅度和上涨节奏。比如，如果投资者对于短期个股可能出现下跌的心理承受能力较弱，就不适合去参与短线交易，因为短线交易品种在当天波动10%以上、两三天波动20%左右是很正常的。因此，若是没有强大的心理承受能力，那么，还是去参与那些波动明显较小的中长期交易更为适合。下面对于两种操作风格分别举例说明，如图8－1所示，为海康威视（002415）2016年12月～2017年5月的日线图。

下图中的海康威视在半年左右的时间里，从14.67元大涨到了最高的28.8元，股价接近翻番，在大盘同期基本上没有什么涨幅的情况下，这样的表现可以说是相当抢眼的。在整个上涨过程中，几次较大幅度的调整分

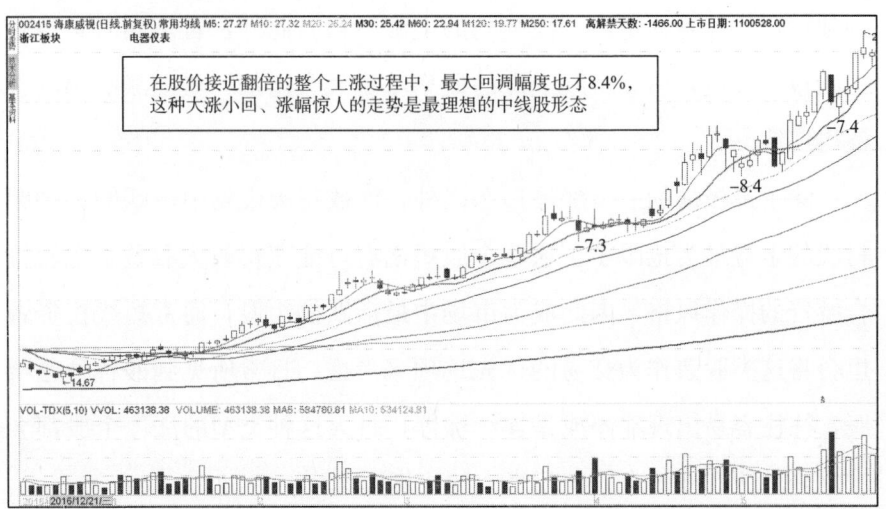

图 8-1 海康威视 2016 年 12 月～2017 年 5 月的日线图

别为－4.2％、－5.6％、－7.3％、－8.4％和－7.4％，这样的调整幅度相对于该股接近翻倍的涨幅来说算是很小的了。这种回调幅度小、上涨空间大的中线股应该是所有中长线投资者梦寐以求的。

下面再来看看热点题材股的走势情况，如图 8-2 所示，为天润数娱（002113）的日线图。

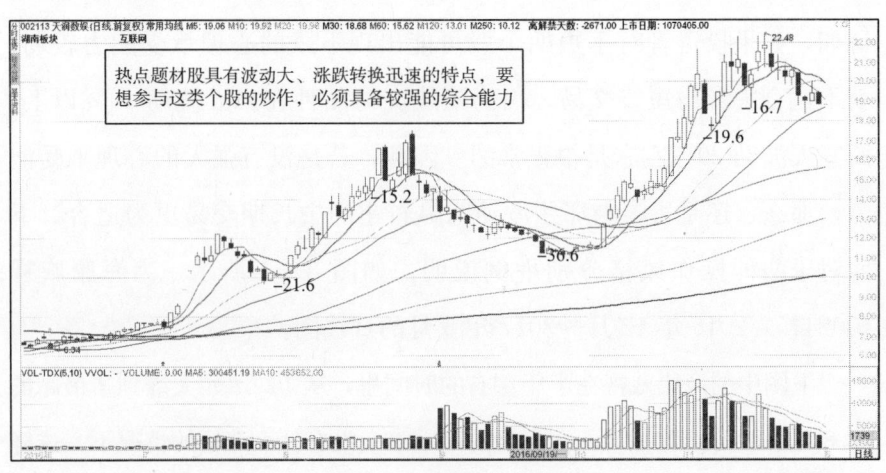

图 8-2 天润数娱的日线图

从上图中可以看出，天润数娱虽然同样经历了一轮大涨行情，但是，其间调整的幅度明显要比上例中的海康威视大得多，5次较大的调整幅度分别为－21.6%、－15.2%、－36.6%、－19.6%和－16.7%，最大调整幅度－36.6%是海康威视最大调整幅度－8.4%的4倍多，而且，其他几次较大调整幅度均在－15%以上，可见，要是没有强大心理承受能力和过硬的分析能力，想要操作好这类波动剧烈的强势股是根本不可能的。

➲【要点提示】具体应该采取何种交易方式，这和投资者的投资风格、个人综合技能和当时所处的市场环境息息相关。只有找到最适合自己的操作方式才是最好的。此外，在少数大行情到来，某类个股明显出现了重大机会时，即便之前较习惯进行短线交易的投资者，也应该适当采取中长线的操作策略，只有这样，才可以获得最大的收益。

8.3　当天涨停个股的构成和原因

当天能够涨停的股票自然是市场表现最强势的外在反映，从表现形式看，可以分为三种情况：第一种是当天出现了利好导致的涨停。第二种是当天没有在主流媒体上出现任何利好的涨停。第三种是当天涨停的个股虽然在当天没有出现任何利好消息，但是，在之前不久却出现了重大利好消息，当天的涨停只是对之前利好的持续反映，对于较为强大的热点题材，市场投资者往往会炒作较长的时间。

　　对于第一种情况很好理解，正常的逻辑本来就是利好助涨，要是利好足够强大自然就会导致个股冲击涨停。而第二种情况就比较复杂了，表面上看似乎是当天没有出现任何利好，个股的涨停完全是看做多一方的实力是否足够强大，由资金推动而产生涨停，这种涨停好像和基本面完全无关，需要通过技术分析的方法来识别和把握。

　　其实，还真不能那样理解。首先要清楚一点，虽然很多当天涨停的个股在主流媒体上没有出现任何利好，但是，绝对不表示那些个股没有潜在的利好，只是普通投资者还不知道罢了！目前我国存在个别对金融领域的违法违规处罚偏轻的现象，使得不时都会有一些人为谋取私利不惜触犯法律而铤而走险。这种现象在资本市场中表现得更加突出，有较长投资经验的投资者只要用心观察就不难发现，不时都有一些上市公司突然停牌进行资产重组，但是，在停牌前的最后几个交易日该股就表现得异常抢眼，甚至还会出现涨停。

　　当然不排除这种情况中会有个别股票的确是一种很偶然的巧合，但是，相信更多的个股的涨停可能是由于利好消息被知情人提前泄露而导致的。因为整个市场有 3000 多家上市公司，剔除刚上市连续一字涨停的新股，一般情况下平均每天涨停的个股仅占所有股票的 0.2%～3%。通常股性一般的个股一年中出现涨停的次数，只有区区几次，而且，一般个股在一年中进行较长时间停牌的概率也很小，在这么多小概率情况下，还想要在该股极偶尔停牌前几天出现涨停，若是单纯的巧合，那么出现这样的概率可能只有几十万分之一甚至几百万分之一！因此，即便我们自以为是没有任何利好消息的个股，其实在不久就将公布于众的利好已经提前被一些知情者获悉，并且提前进行了买入。因为经常会看到这样的情况，那就是发现某些个股最近涨势异常强劲，但就是不知道是什么原因所致，等过了一段时间该公司公布了某些重大利好，投资者才恍然大悟，不过，此时由于股价已经提前充分反映了利好，涨幅已经十分巨大，等到公布利好之时，很多的个股很容易走出冲高回落的走势，就此形成重要阶段性顶部，此时即使知道了利好基本上已经没有较好的投资机会了。

最后再来谈谈第三种情况，就是当天涨停的个股虽然在当天没有出现任何利好消息，但是，在之前不久已出现了重大利好消息，当天的涨停只是对之前利好的持续反映。对于较为强大的热点题材，是不会仅炒作一两天就结束的，因为在一年当中，真正值得较长期炒作的大行情题材很少，一旦敏锐的投资者发现了较好的机会，又怎么可能不充分利用呢？因此，市场投资者对于较有想象空间的大题材，往往会炒作较长时间的。

8.4 题材股的一般运行特性

题材股是市场中最为活跃的一类股票，可以说，题材股是支撑起市场人气的重要组成部分。在笔者多部著作中，强调的测试市场人气的各种独特方法，基本上也都是建立在统计分析一些具有代表性的热点题材股的表现的基础上来进行的。只有充分了解了其中的炒作逻辑和一般的运行规律，才有可能较好地把握其中的投资机会。

8.4.1 不同市场环境下题材股的表现差异极大

要想把握好题材股的炒作，需要投资者掌握多方面的技能，不仅要清楚地知道哪类题材更容易被市场投资者所认同，而且还要熟悉这类股票运行的一般规律,当然,最为重要的还是要深刻地认识到所处不同位置和市场人气状况的不同,对类似题材的表现将具有异常重要的影响。在市场环境较好的时候,可能这些题材股就会出现连续涨停,甚至股价快速翻倍的走势,但是若在大盘环境不佳,同样类似的题材股可能连一两个涨停都无法实现。下面就两次世界顶尖围棋高手对阵人工智能围棋程序 AlphaGo 比赛的前后,人工智能龙头股科大智能两次截然不同的表现来说明这个道理。如图 8-3 所示,为科大智能(300222)2016 年 1 月～5 月的日线图。

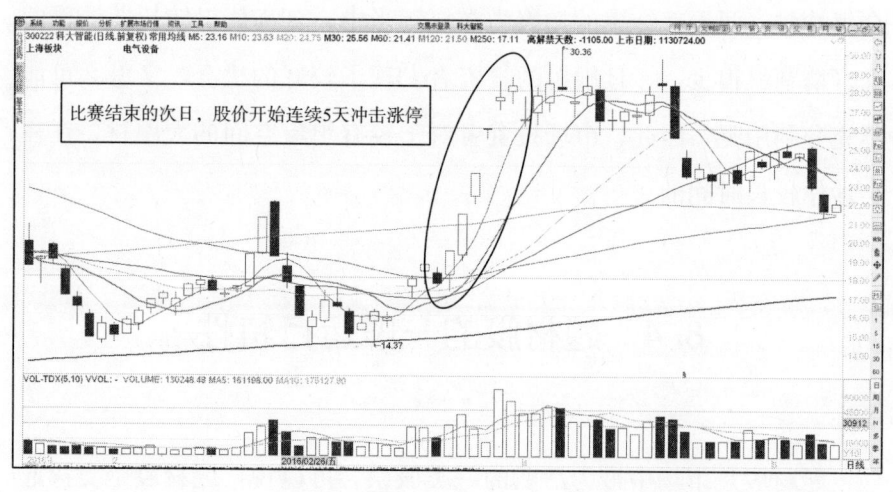

图 8-3　科大智能 2016 年 1 月～5 月的日线图

2016 年 3 月 8 日上午,李世石 VS 谷歌 AlphaGo 人机大战赛前新闻发布会在韩国首尔四季酒店召开。谷歌董事长埃里克、创始人哈萨比斯与李世石同时公开亮相。此次对战分为 5 场,分别是:3 月 9 日、3 月 10 日、3 月 12 日、3 月 13 日和 3 月 15 日。

一方是拥有十多个围棋世界冠军头衔的最高级别人类选手,一方是现阶段人工智能领域最厉害的围棋程序,究竟哪方可以获胜充满悬念。经过 15 号的最后第五局比赛,李世石和谷歌 AlphaGo 的人机大战落幕，人类代表李世石以1∶4落败这个结果恐怕在赛前很多人都没有想到。最后的"智慧堡垒"围棋被电脑攻克，这一事实多少会让人类有些惆怅。而科大智能的疯狂表现也就此展开，比赛结束次日开始股价连续4天均以涨停收盘，第五天盘中最高也曾达到涨停，收盘上涨6.5%，5天内的最大涨幅达到惊人的65%！

AlphaGo战胜李世石后，人类棋手中只有一人的围棋国际等级分值高于AlphaGo，那就是柯洁。如果AlphaGo保持一年前的水平，柯洁也许还是有胜出希望的。但是在这一年时间中，两人都在进步，现在两人对战，就看谁进步更大了。这场人机大战于2017年5月23日—27日举行，在5月27日，中国围棋峰会人机大战三番棋决胜局比赛在浙江桐乡进行。柯洁与AlphaGo进行的最后一场较量，最终柯洁九段再负围棋人工智能AlphaGo，人机大战2.0版最终柯洁以0比3的总比分落败。

这次柯洁对阵AlphaGo和一年多前李世石对阵AlphaGo的题材极其类似，仅就题材的对比强度来说是有过之而无不及。因为李世石虽然是韩国著名围棋棋手，也是世界顶级围棋棋手，但是，在2017年围棋界仅排在第七位，柯洁却是世界排名第一的高手，既然出战的选手级别更高，而且，同样都败给了AlphaGo这个人工智能对手，那么，按照普通人的想法，这次人工智能龙头股科大智能的表现应该要比前一次更强才对，至少也应该和前一次的表现差不多。但是，股市可没有那么简单，实际的结果一定会让大多数人感到意外。如图8—4所示，为科大智能（300222）2017年1月～5月的日线图。

题材股炒作有三种常见方式，最常见的是在关键时间点以前进行炒作，等到利好兑现就进入下跌，宣告行情彻底结束。这种操作方式需要有一个前提条件，那就是重要事件已经提前在主流媒体上公布了，

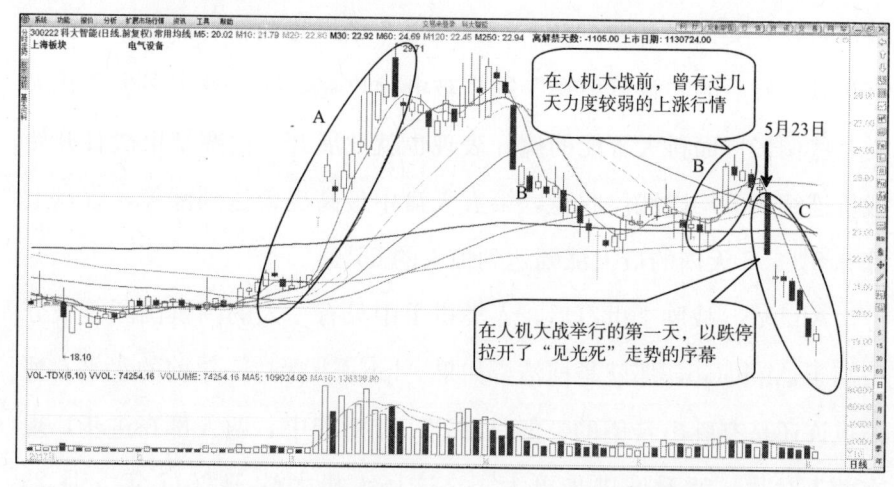

图 8-4 科大智能 2017 年 1 月～5 月的日线图

也就是说属于确定性题材。还有一种炒作方式是在关键时点出现确切的结果之后才展开的炒作，对于一些类似比赛、审批、表决等需要等待确定结果的题材更多容易出现这样的运行方式。在李世石的那场人机对战中，科大智能的强力炒作就是以这种方式运行的典型代表。

下面来分析一下上图中科大智能的走势特点。该股可以分为 A、B、C 三段走势，分别用椭圆将三段走势圈了起来。其中 5 月 23 日是两段走势的重要分水岭，因为这一天是柯洁和 AlphaGo 开始对战的第一天。明显可以看出在对战前几天，也就是 B 椭圆圈内，科大智能从 5 月 11 日的最低 21.85 元，上涨到了 5 月 18 日的 25.95 元，其间涨幅为 18.76%，这样的涨幅显然和一年前李世石的人机大战几天暴涨 65% 的表现相差甚远。更值得一提的是，就在人机大战拉开序幕的第一天，也就是 23 日，科大智能居然以跌停收盘，随后进入持续的下跌。

大家可能注意到了，在 A 椭圆圈内科大智能出现了一波很有力度的大涨行情，那么，这一波大涨的原因又是什么呢？很多投资者可能会说，那估计就是对这个人机大战的题材提前进行了炒作，这也就导致在人机大战前该股难以再有较好表现了。乍一听似乎有一点道理，但是，在网上一搜索就知道不是这么一回事，还是请看下面的信息："2017 年 4 月 10 日下午，中国围棋协会、浙江省体育局和谷歌（Google）在京共同宣布，三方将联合主办'中国乌镇·围棋峰会'，届时人工智能围棋程序 AlphaGo 将与包括柯洁在内的最顶尖的人类棋手进行对弈。这场人机大战将于 5 月 23 日～27 日在中国水乡古镇、世界互联网大会永久会址——浙江桐乡乌镇举行，赛程为期 5 天。"

科大智能在 A 椭圆圈内的大涨时间为 2017 年 3 月 6 日～17 日，显然，炒作该股的时间明显比 4 月 10 日宣布人机大战的时间要早，自然就排除了这种可能性。再浏览大涨前后上市公司披露的公告，也没有发现任何有价值的重大利好消息，因此，也只能将科大智能这波大涨归结为纯粹属于市场热点切换的自然炒作的产物。

> 【要点提示】对于科大智能 A 椭圆圈内的大涨行情，以上的解释也许难以令人满意，但是，市场中的确存在很多我们无法看得懂的走势，一旦遇到这样的情况，敬而远之就好了，永远只去把握那些自己看得懂的机会，这样成功的概率才更大，正所谓"弱水三千只取一瓢"。

为什么两次比赛前后人工智能龙头股科大智能的市场表现会有如此大的差异呢？还是来看看其间上证指数的走势情况，如图 8-5 所示，为上证指数 2015 年 5 月～2017 年 5 月的日线图。

李世石对战 AlphaGo 时大盘处于短期暴跌之后的反弹过程，从短

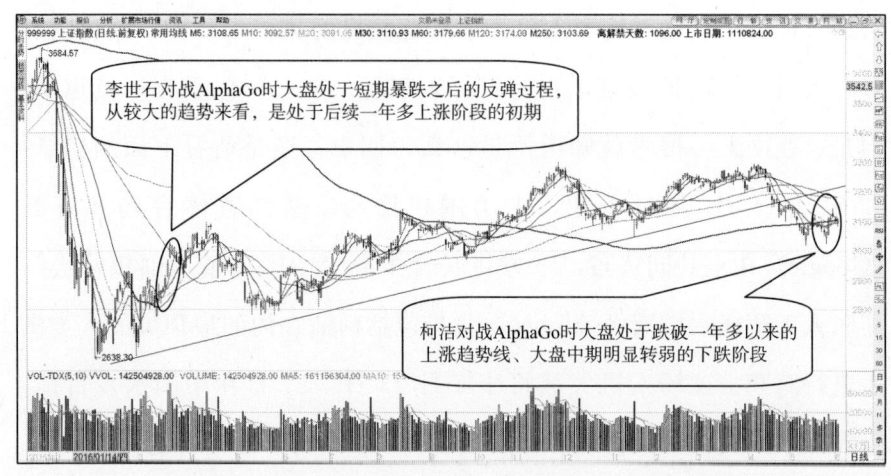

图 8-5 上证指数 2015 年 5 月～2017 年 5 月的日线图

期来看,由于持续暴跌,导致个股普遍出现了大幅下跌,积累了强劲反弹的动能。而且,在人机大战结束之后的几天里,大盘明显是连续上涨,这样的大盘环境当然有利于题材股的炒作。再从较大的趋势来看,当时正处于后续一年多上涨阶段的初期。而柯洁对战 AlphaGo 时,大盘处于跌破了一年多以来的上涨趋势线、大盘中期明显转弱的下跌阶段。虽然两次人机大战具有极其相似的题材,但是,就是因为当时大盘所处的环境截然不同,导致了科大智能两次的表现相差甚远。

8.4.2 龙头股的持续性是最主要的风向标

广大股民经常挂在嘴边的往往就是"现在市场机会不好把握,不容易赚钱"等之类的话。其实说得透彻一些就是市场环境不佳,缺乏持续性热点,导致投资者不清楚应该去买什么样的股票。这里所讲的市场机会不好和大盘是否上涨是两回事,有经验的老股民经常会发现在某一段时间,虽然指数持续上涨,甚至还会出现单日大涨,但是,自己手中的几只股票却没有怎么上涨,甚至还可能出现下跌,极端情况下还会出现大跌。这种现象就是大家所说的"二八"现象，即由于少数大盘权重股大涨，导致大盘指数表现不俗，但是，大多数的个股却表现不佳，形成了明显的"跷跷板"效应。

大盘权重股在牛市中通常上涨速度较慢，而在熊市中基本上更是难以有较好的表现，这就导致大多数股民都不喜欢炒作大盘权重股。"二八"现象很多时候容易出现在阶段性反弹的末期，因此，若是大盘经历了较长时间，或是较大幅度的反弹之后出现较为明显的"二八"现象，那么，投资者就需要格外警惕了。此种情况往往说明各种热点题材以及各种板块已经轮番进行了表现，投资者发现已经没有什么可以炒作的了，才去关注通常情况下都不会考虑的大盘权重股，因为那些股票的市盈率一般都较低，在大盘处于相对的高位，选择低市盈率大盘股交易，对于大量的投资者来说，至少在心理上会有较为安全的感觉。

而各种类型题材股的表现情况，往往可以反映市场整体做多动能的强弱，通过对它们走势的分析，一般也能提前预测出未来一段时间大盘将会上涨还是下跌，尤其是在即将选择突破方向的变盘关键时点，通过它们的表现，较为准确地对大盘未来一段时间的运行趋势作出前瞻性的预判。

市场中是否有较明显的板块效应，以及该板块龙头股的持续性如何，是短线投资者衡量市场是否活跃的重要指标。在绝大多数的交易日，经常会看到这样的现象，即当天涨停的个股大多数彼此之间缺乏必然的联系，属于各自混战的状态，这种盘面往往就不好操作，因为投资者很难决定应该选择哪只个股来操作。但是，如果当天的涨停个股中有相对数量的个股属于某一个特定的板块，那么，投资者选股就容易多了。最简单有效的方法就是按照笔者在《决战涨停》一书中介绍的涨停三级买入法操作，简单地讲就是在看到同一板块的个股中有两只以上的个股涨停了，那么，马上在该板块中选择各方面走势均较佳的个股进行操作，这样操作胜算往往还是很大的。

观察市场热点龙头主要有两种方式，一种是观察当天市场出现了重大利好消息的龙头的走势情况，另一种就是观察前一天板块表现排在前三位，尤其是在前日处于板块第一位的龙头股在当天的表现情况。而且第二种情况对于研判市场人气强弱以及投资者制定操作策略更为重要。因为每天出现涨停的个股很多，能够具备较强的持续性才是我们关注的重点。比如，大量的短线投资者喜欢在涨停价买入，若是没有一定的持续性，次日就出现下跌，那么，这些投资者是难以获利的，这种现象大量的存在，就必然会影响投资者的投资热情，继而导致盘面陷入较为低迷的境地。

【要点提示】市场之所以可以持续活跃，往往都是由各种各样的市场热点来持续推动的，如果没有持续性热点和较强的赚钱效应，大盘想要较长时间具有较好的表现也是很困难的。

8.5 中长期上涨趋势运行的一般规律

在笔者多部著作中，都会不时地强调掌握大盘趋势分析对于投资成功的重要性，并且也介绍了各种实用的分析方法。笔者从切身的体会中，发现投资者一个普遍的弱点，那就是大多数投资者根本不去做分析方法的研究，只是埋头挑选个股，这样的模式在大环境较好的情况下影响不大，但是，在市场处于不适合交易的阶段，这样的操作习惯就有很大的风险。

从股市整个牛熊转换的趋势变化来看，不适合操作的时间要远远多于适合操作的时间，原因很简单，在熊市中基本上很难有较好的操作机会，在震荡市中，虽然可以交易的时间比熊市多，但是，由于个股上涨的时间通常较短，上涨的空间也不大，因此也不容易获取较高收益。即便是在大牛市中，尤其是在阶段性调整和牛市的末期，同样有些时候不适合操作，需要规避风险。可见，较好掌握大盘运行的一般规律和应对措施，就显得格外重要了。

既然说的是中长期上涨趋势，就要了解一下其和中期反弹的区别。中长期上涨趋势的形成，通常是以股价站在各条中长期均线之上，而且，半年线和年线呈现多头排列。而中期反弹是指长期大趋势已经走弱，但是中期处于上涨阶段的形态。通常可以将跌破半年线确定为长期趋势初步走弱，若是跌破年线，那么，长期趋势走弱的确定性就更强了。这种形态反弹的阻力位往往会出现在60日均线、半年线和年线附近。如图8－6所示，为上证指数2014年4月～2015年6月的日线图。

下图是一波牛市上涨的日线图，其形态是典型的大行情启动的图形，其中最主要就是中长期均线处于高度黏合状态，随后股价向上突破，进入持续上涨阶段。在整个大涨行情中，短期支撑位也是较有规律的。即通常调整到20日均线和60日均线附近，就会构成强有力的支撑，这些重要均线往往会不止一次地起到支撑作用。而且，在中长期上涨行情中的调整时间往往也不会太长。

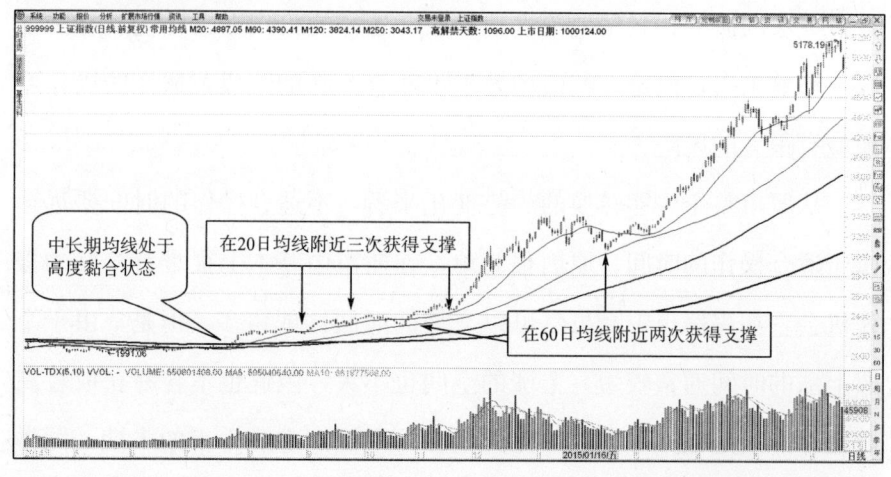

图 8-6　上证指数 2014 年 4 月～2015 年 6 月的日线图

8.6　加速下跌的形态特征

　　规避风险其实比想着如何赚钱更为重要，因为一只个股想要有较好的表现，往往是规避了各种较大不利因素之后的结果，如果某一种重大的风险没有规避掉，都有可能对个股的走势造成致命的打击。下跌的方式多种多样，不过，至少应该将短期快速大跌这种形态尽量规避掉才好。此外，从融券做空的角度来说，较好把握何时可能大跌，也可以在行情不利的情况下通过融券做空获得较大的收益。加速下跌的形态最常见的有两种，一种是在接近前期重要高点附近，往往容易出现短期较大幅度的下跌；另一种是在几条均线处于黏合状态，股价刚刚破位选择向下的时候。

　　图 8-7 为上证指数 2015 年 11 月～2017 年 5 月的日线图。

　　如图所示，在左边的椭圆圈内，20 日均线、60 日均线和半年线分别为 3537、3502 和 3503 点，明显处于高度黏合的状态，随着一根大跌 6.86％的大阴线，就此拉开了持续大跌的序幕。此轮大跌在短短 25 个交易日就下跌了 28％。看见此波大跌若是不能规避，则会损失惨重，当然了，要是适时地融券做空，那么，同样可以获得不菲的收益。

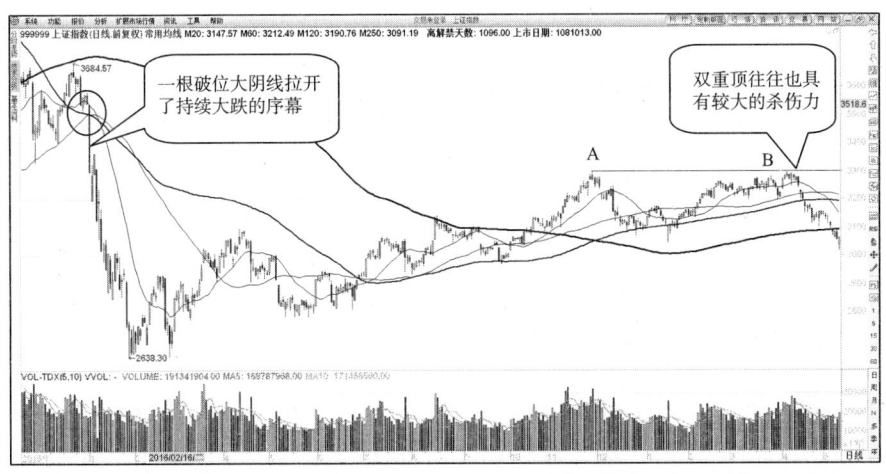

图 8-7　上证指数 2015 年 11 月～2017 年 5 月的日线图

不管是大盘还是个股的走势中，各条均线高度黏合之后，一旦选择了突破方法，往往杀伤力巨大，此种形态可以列为最具破坏力的第一位。这种策略其实属于右侧交易法，也就是说，是在趋势初步明朗时再采取行动的操作策略。而在接近前期重要阶段性高点附近出局规避风险的策略，就属于左侧交易的范畴了。上图中的 A 点和 B 点形成了较为明显的双重顶，而且是对大盘反弹一年多之后的调整，因此，破坏力还是较大的。

第 9 章
市场重大风险来临的先兆和防范要领

前面基本上都是讲的各种机会的把握,但是,在股市中风险防范的重要性要远远大于对盈利目标的追求,这在大熊市中体现得最为明显,因为即使之前已经获得了不菲的收益,若是不知道何时应该出局观望以规避风险,那么,账面上曾经的盈利十有八九只能是过眼云烟,若是在较高位置介入的投资者还将面临巨大的亏损。因此,如何较及时地预测到股市的大趋势即将转向就显得至关重要了。其实,要做到这一点也不是非常困难,因为在股市大跌前总会有一系列的不利的征兆显示出来,主要就看投资者是否具有慧眼。

股市虽然说主要都是由于之前的涨幅过大,本身存在巨大的反向修正动能,上涨得越高,随时进入大跌的可能性也就越大,这个道理大家都明白。但是,在大多数情况下,都是由于某些调控政策的出台而快速转入下跌的,也就是说目前国内股市的政策市特征依然明显,因此,在股市大涨之后准确解读管理层意图就显得尤为重要了。

其实,管理层最希望看到的是股市缓慢上涨的态势,这样既可以较好地发挥股市的融资功能,又不至于暴跌后发生金融风险,继而影响社会稳定和经济的正常运行。因此,管理层在股市暴涨之后就必然要进行调控,通过各种措施给股市降温。最常见的措施有提高交易成本、加快新股发行节奏、加大再融资力度、降低市场资金杠杆率和提高交易门槛等。

9.1 提高交易成本

不管从事哪一类金融产品的交易都需要支付各种交易成本,而提高投资者的交易成本是最直接、最明确的调控市场的信号,这样的措施明确表明了管理层对当前市场投机氛围过于浓烈的担忧,因此,只要是看到这样的措施出台,投资者就需要高度警惕了。提高交易成本调控股市的典型事件是2007年大牛市过程中的"5·30"暴跌。还是先看一下当时大盘的走势图。图9—1为上证指数2007年大牛市日线图。

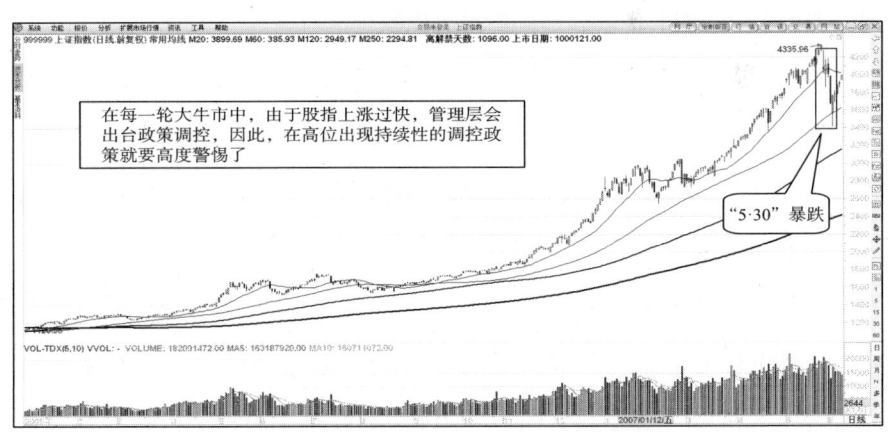

图9—1 上证指数2007年大牛市日线图

2007年,长期受着熊市折磨的中国资本市场终于开始出现了一轮牛市行情,从这一年年初到4月,沪深两地股指都已出现了80%以上的升幅,其中仅4月的涨幅就高达30%,要是将时间拉得更长一些,

涨停解码

买卖先机(之三)

从2006年3月,仅1年2个月的时间,大盘就从1200点左右上涨到了4300点左右,涨幅高达2.5倍,2006年底上市股票的平均股价还在5元左右,但4个月后的平均股价已经达到12元,股价在5元以下的股票就只剩下3只了。

在市场明显过分狂热,而且对于之前管理层持续多次的风险提示置之不理的情况下,5月29日深夜,由财政部发布一项新政,将股票交易印花税税率由原来的1‰上调至3‰。由于财政部作出决定已经在深夜,大多数第二天出版的报纸已经截稿,因此这一消息未能及时在第二天见报,但它已由早上的广播和电视作出了报道。这一消息给正处于狂热的股市降了温。

5月30日沪深两地股市开盘后,股指瞬间出现大暴跌,至当天收盘,上证综指下跌281点,跌幅高达6.5%,该日收市上证指数仍大跌283点,900多只个股跌停。B股跌幅更深,沪深B股双双大幅下挫,跌幅居然超过了9%,个股大面积跌停。

5月31日,上午开盘后半小时承接昨日大跌继续下跌,之后全天主要是反弹走势,收盘上涨1.4%,不过仍有170只个股跌停。这天的大盘似乎在反弹,其实是"二八"现象重演,即20%的个股在涨,80%的个股在跌。实际上,主要是银行股和权重股的走势相对较为抗跌,使得大盘翻红,上涨的56点,几乎均为银行股的贡献。

6月1日上午呈现冲高调整又回升的反复波动的走势,在下午开盘后不久,股指一路下泻,并一度跌破4000点。当日沪指收盘勉勉强强收报在4000.74点,跌幅达2.65%,全天振幅则达到5.21%。从表面上看,大盘的指数跌得并不多,可对个股的杀伤力还是很大,这天,不算ST股,沪深两市A股约600只个股跌停。

6月4日是周一,三大证券报齐发评论,认为管理层调整印花税并非打压股市，牛市的基本面并不会随着阶段性市场调整而改变。但周一开盘大盘再度一路下挫，上证指数的跌幅甚至达到了8.26%，高于5月30日的跌幅，恐慌气氛弥漫着整个市场。收盘时，两市有超过700只个股跌停，投资者蜂拥出逃。

6月5日上午基本上处于单边大跌趋势，不过，从11：09开始股指强劲震荡上扬，上证指数当天盘中最大跌幅超过了6%，不过从午盘开始，买盘开始逐步涌入，最终大盘以上涨2.63%收盘，当天涨停个股超过50只。全天走出大震荡单针探底的走势，之后重新展开了持续的上涨行情。

短短5天，虽然大盘下跌了21.5%，但是，许多个股的跌幅都超过了35%以上，而且不少个股出现了四五个连续跌停的走势，这给风险意识淡薄的投资者上了深刻的一课。其实，"5·30"暴跌是有很多先兆的，尤其是管理层在出台提高印花税前曾三令五申地提示风险，但是，投资者对此置之不理，所以，最终才会有提高印花税税率的出台。

实际上，很多股票是在4000~5000点左右就形成了历史顶部，最后阶段的上涨主要是由市盈率明显很低的以银行股为首的权重股推动的，是典型的"二八"行情。

➲【要点提示】虽然在"5·30"大幅提高印花税的短暂暴跌之后，大盘继续上涨到了6124点，这种现象也不足为奇，在遇到政策严厉调控的情况下，有时候会马上形成大的顶部，有时候会继续惯性上冲一段时间。但是，往往不会持续很久，比如在"5·30"之后大盘仅保持上涨趋势4个多月就形成了大的历史头部。

> 股市的交易成本主要分为印花税、券商佣金和过户费等，不管哪一种一般都是比较稳定的。但是，在期货市场，对于保证金以及平仓的交易成本等会根据市场投机程度、合约距离交割日的远近，以及节假日等因素经常发生变化，由于期货的高杠杆特征，导致监管层更加频繁地利用这些工具对市场进行调节。

9.2　扩容政策与股市位置的关系

如果要问影响价格最根本的因素是什么，相信大多数人都会回答要么是生产成本，要么是供求关系。其实，在供求关系较为正常的情况下，生产成本起到了决定性的作用。但是，在极端情况下，供求关系会取代生产成本成为最主要的因素。

任何商品的价格都会直接受到供求关系的重大影响，股市也不例外，股指整体的高低和股市供求关系息息相关。一方面股市最重要的职能就是为实体经济服务，实现政策的融资功能。另一方面，监管层为了调控过热的股市，也会加快股市扩容的步伐。股市扩容主要有新股上市、企业增发再融资以及限售股减持这三大常见方式。在股市处于不同的极端情况下，监管层往往会通过调节新股和再融资的规模和速度，一方面直接影响市场供求关系，另一方面就是向市场投资者表明监管层对当前市场的支持或是调控的态度，因此，密切留意这方面政策的变化情况，是投资者在大趋势逆转时可以及时准确作出判断的重要参考依据。

2008年1月21日，中国平安发布公告称，将公开发行不超过12亿股的A股和412亿元分离交易可转债，按当时的股价计算，此次中国平安的融资规模将达到1600亿元，创A股有史以来融资规模之最。从21日开始的两天，中国平安连续封住跌停，绩优股出现这样的走势是十分罕见的，可见巨额再融资对于投资者信心的打击是巨大的，原因其实也很简单，一下增加这么多的股票，投资者普遍担心对日后股价的上行将造成不利的影响。

继中国平安公布巨额再融资方案后，又有了浦发银行计划增发10亿股、融资400亿元的传闻，随后浦发银行正式公开证实，确实正在研究再融资计划但具体方案尚未确定。增发消息传出，浦发银行股价在4天就大跌了23.6%。其实，这两只蓝筹股受到利空袭击出现大跌，从表面来看，是由于再融资消息所致，其实，根本上还是由于股市，也包括这些股票之前的涨幅实在太大了，从而积累了巨大的做空动能，再融资只是加速了这一进程罢了。投资者如果看到中国平安和浦发银行相继出台这样庞大的增融资计划，再结合两年来股市从998点已经上涨到了6124点，涨幅巨大，就应该清楚这是一个再明显不过的进入熊市的强烈信号，可以理解为是监管层认为目前股市存在较大泡沫，从而调控股市的行为。投资者如果看清楚了这一点，在当时中国平安再融资一出台时的5000点左右就清仓出局，那么，就可以规避掉随后不到一年暴跌到1664点的巨大风险了。

相反，若是监管层认为市场不佳，首先就会减轻供给量，会在特定时期暂时停发新股，给市场一个喘息的机会，以逐步恢复投资者的信心。比如，在2008年暴跌期间，从2008年9月25日华昌化工上市之后的278天内再也没有上市一只新股，直到2009年的7月10日桂林三金的上市才再次开始上市新股。那么,只要对照之前一两个月新股的上市情况就可以发现,在华昌化工之前的两月里,基本上每个月都会上市六七只新股,而在华昌化工之后一两个月没有再上市新股,这充分反映了监管层呵护股市的用心,再结合当时大盘已经从6124点下跌到2000点以下,不难得出当时已经处于历史底部的结论。懂得如何判断趋势即将逆转,就可以在低位及时介入了。还是看看新股的暂停及重启和大盘高低点之间的关系吧,图9-2为扩容政策与大盘位置图。

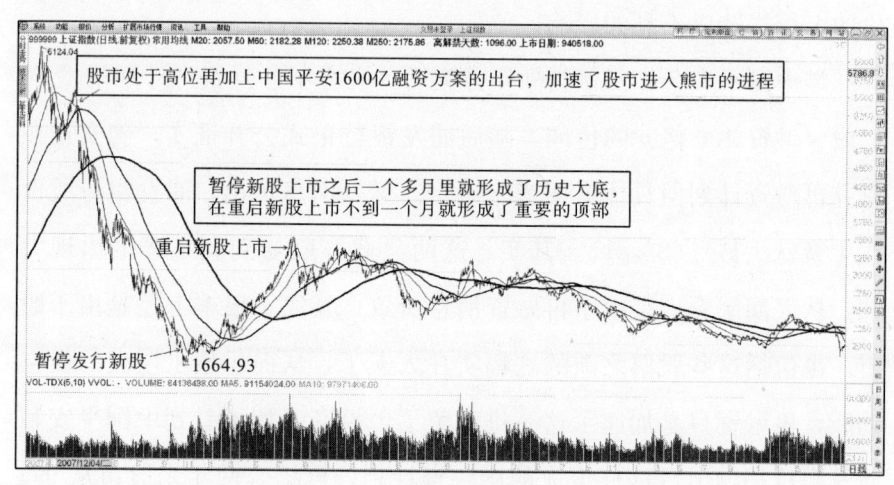

图9-2 股市扩容与大盘位置图

从图中可以看出,在2008年由于次贷危机引发全球股市大幅下跌的环境下,监管层果断暂停新股上市,向投资者释放出扶持股市的明确信号,之后一个多月大盘见底,随后近一年时间大盘翻倍,在大盘见顶前不到一个月时重新启动新股上市,之后不久形成重要的阶段性高点3478点,之后股市进入了4年左右的调整。

还有一种情况,就是对于之前的股份进行减持也是扩容的表现形式之一,最典型的要算2002年国有股减持所导致的股市长期大跌。众所周知,股市中的权重股基本上都是国有股,一旦减持对市场的冲击力可想而知，在没有形成被市场普遍认可的减持方案前，投资者很难有投资信心，直到 2005 年股权分置改革办法的出台，加上之前股市长期大跌已经处于极低的位置，就催生了史无前例的从 998 点暴涨到 6124 点的超级大牛市。此外，对股市有重大影响的还包括对大股东限售股政策的变化，其中对于每年减持的比例是最为重要的因素。

> **【要点提示】** 在有些时候，大盘短期下跌过快，监管层也会放缓新股上市节奏，当然，有时候也会暂停或是放缓新股审批的节奏，这些都是监管层依据市场具体状况，经常用以调节扩容压力的常用手段。
>
> 　　大的行情启动往往是在已经处于相对低位，再遇到一些政策利好的配合而造就出了大牛市；同样，大熊市的形成往往是股市处于较高位置，又遭遇一系列重大利空而步入长期下跌。也就是说，大行情一般都是技术面和基本面均良好配合的产物。

9.3　政策叠加效应对市场的影响

　　每一轮暴跌过后总是会出现强劲的上涨行情，同样，在每一次疯狂上涨过程中，也孕育着更大的风险，随着上涨的不断持续，之后进入大级别下跌阶段的概率也在不断增大。在此过程中，要想规避大的风险，自然需要认清股市的大趋势。

　　虽然，暴跌过后是暴涨，暴涨过后是暴跌，这是很多有经验的投资者都懂得的一般规律，但是，当投资者真正身处其中，在极端行情到了的末期应该如何进行较为准确的判断，却绝对不是一件容易的事情。任何经济活动都必然存在着支配其发展的基本规律和内在逻辑，关键就在于我们能否从繁杂的表象中抓到事物的本质。

首先，深刻理解大盘不同位置所出台的重要政策对股市未来走势的影响程度，是投资者必须高度关注的问题。通过监管层推出的各项政策，可以判断出目前管理层对于股市的态度。

其次，投资者一定要清楚，较大的趋势一旦形成，就形成了惯性，较长时间延续已经形成的趋势会不断深入发展，即使减持对当前股市过热产生了影响，继而监管层又推出各种调控政策，在一般情况下，只要不是重大调控措施，股市的震荡虽然会逐步加大，但是，还会继续惯性上冲一段时间，随后才会形成重要的顶部。下面就系统分析一下2015年大牛市的最后疯狂和终结阶段的情况，以及政策面在其间所起到的作用。

先看一下2015年大牛市见顶前后上证指数的走势情况，如图9—3所示，为上证指数2014年7月～2015年7月的日线图。

由于在2015年的大牛市中，融资业务是推动这轮牛市发展的重要力量，因此有必要对这一概念进行简单的介绍。融资融券交易，又称证券信用交易或保证金交易，是指投资者向具有融资融券业务资格的证券公司提供担保物，借入资金买入证券（融资）或借入证券并卖出（融券）的行为。因为融券金额与融资金额相比比例极低，因此，融资融券业务实际上主要就是融资规模不断膨胀，继而持续为推高股指推波助澜的过程。

2015年1月20日证监会新闻发言人在发布会上对融资融券提示了风险。发言人表示，融资融券业务是具有杠杆特征的信用交易业务，

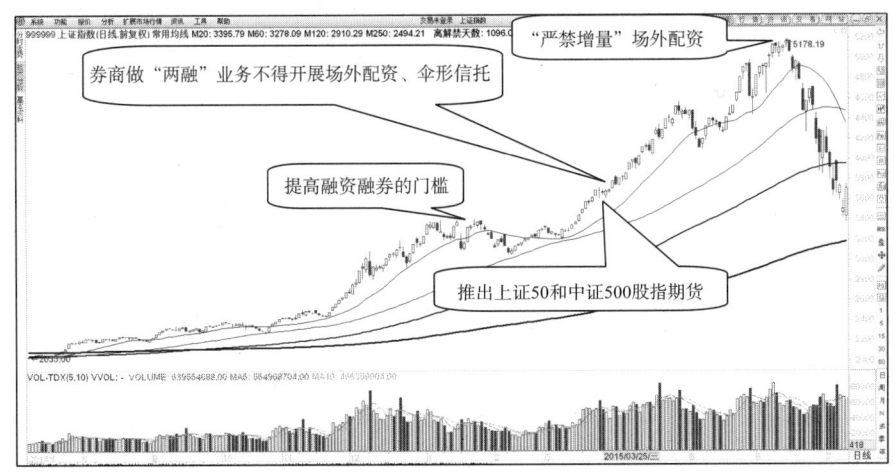

图 9-3　上证指数 2014 年 7 月～2015 年 7 月的日线图

风险较高。同时发言人宣布，证券公司不得向证券资产低于 50 万元的客户融资融券。在融资融券业务推出之初，证监会曾有"资金 50 万元、18 个月开户时长"的规定。2013 年开始，证监会相关窗口指导意见缩短为"6 个月"，资金门槛也一并降低。券商设置的资金门槛也陆续降至 10 万元。这次又将融资融券的门槛提高到了 50 万元。

在 3 月 20 日新闻发布会上，证监会发言人则提醒投资者不要有所谓的"宁可买错也不能错过"的想法，更不要被市场上卖房炒股、借钱炒股言论所误导，而盲目跟风炒作。

4 月 16 日，时任证监会主席在"上证 50 和中证 500 股指期货上市仪式"上又特别提醒广大投资者，特别是新入市的投资者，参与股票投资要保持理性、冷静。

4 月 17 日，证监会主席助理表示，全行业都要高度重视融资融券业务的合规与风险管理，并对证券公司开展相关业务提出七项要求。一是要坚持依法合规稳健经营，进一步强化两融业务的合规管理，落实合规责任；二是科学合理、谨慎确定融资业务规模，适当控制经营杠杆，有效防范流动性风险；三是加强两融业务风险管理，根据市场情况及时调整初始保证金比例、标的证券管理等手段，合理确定融资杠杆；四是不得以任何形式开展场外股票配资、伞形信托等，不得为伞形信托等提供数据端口；五是注意防范客户风险，对风险较高的标的证券采取相应管理措施；六是加强客户管理，适当性管理要求，加强投资者教育，引导客户专业投资、理性投资；七是促进融券业务发展，丰富券源渠道，满足市场融券需求，促进融资融券业务均衡发展。

以上内容的核心就是券商做两融业务不得开展场外配资、伞形信托等活动。鼓励专业机构参与融券交易，最直白的解读就是鼓励做空。而严禁场外配资、伞形信托则意味着监管层希望收紧"两融"，坚持去杠杆。

随着以上持续的政策出台，券商已在加强对"两融"的风险控制，除了上调"两融"保证金比例外，不少券商还通过调整"两融"折算率来控制风险，收紧杠杆。

证监会2015年4月19日晚紧急表态，收缩市场杠杆。并明确提出七项要求，包括不得以任何形式开展场外股票配资、伞形信托。同时，证券业协会、基金业协会、上交所、深交所联合发布通知，扩大融券范围。

证监会新闻发布会有关"两融"业务的信息及"两会""两所"发布的文件，将主要带来四个方面的变化。第一，融资条件趋严；第二，融券交易机制相对更灵活，扩充融券交易标的到1100只（之前约900只）；第三，鼓励公募基金、证券公司资产管理计划等参与融券卖出；第四，允许公募基金参与融资业务。

4月28日午间，证监会在官方网站"投资者风险提示与防范"栏目发布《关于新投资者激增、全民炒股风险的问答》。

5月4日，《人民日报》刊发题为《牛市也别忘风险》的文章，新华网也发布文章称,后市预期乐观并不意味着 A 股可以无阻力上行。

当时 A 股此轮牛市很大程度上是资金驱动的结果,其中很大部分资金即是借融资类业务进入股市,此次监管层发布通知,被有的市场人士认为是监管层鼓励卖空,将对市场产生负面冲击。而市场的反应似乎亦印证了上述担忧。据媒体报道,自消息公布后,在新加坡上市的富时 A50 股指期货出现大幅跳水,重挫了 5.97%。该指数包含了中国 A 股市场市值最大的 50 家公司,其总市值占 A 股总市值的 33%,被许多国际投资者看作衡量中国市场的重要指标。在 2015 年 5 月 8 日上交"两融"评估报告前夕,各券商已纷纷上调保证金比例或者调整折算率,以压缩"两融"杠杆。

从上述罗列的大盘在上涨后期监管层出台的主要调控政策,大家可以清楚地看出大盘在不同阶段和位置时,出台的政策对于股市走势的影响,最初是提高融资融券开户的门槛,其意图就是从供给端遏制融资交易的规模。随后,在早就有沪深 300 股指期货的情况下,又推出两种股指期货,这是为增加做空的手段。紧接着就是扩大融券品种的范围,这是为增加做空力量提供条件,以及限制券商不得以任何形式开展场外股票配资、伞形信托等,不得为伞形信托等提供数据端口。在所有利空消息中,清理场外配资以及降低融资杠杆才是最致命的,也正是监管层持续不断地推出各种调控股市的措施,最终导致股市出现了罕见的短期暴跌,继而宣告牛市的结束。

2015 年的大牛市和以往不同,各种配资加杠杆交易是导致行情快速暴涨的重要原因,相信以后的大牛市同样会面临这样的问题,因此有必要对配资做一个简要的说明。配资有三种形式,第一种就是官方的融资融券。这是证监会监管下通过券商等正规渠道的融资余额,杠杆一般在 1~2 倍。比如,若杠杆为 1 倍,那么当你融资融券账户中有

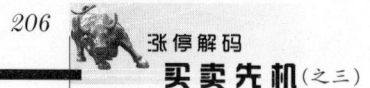

1万元，券商最多可以再借给你1万元用于证券交易，一共就有2万元可以使用了。目前这个门槛较高，50万元以上才有资格开户。这种官方的融资融券从2015年3月份开始增幅尤为明显，到5月、6月达到高峰，配资额分别为2.07万亿元和2.04万亿元。

第二种配资就是当时投资者通过HOMS模式进行线上场外配资，平均3倍的杠杆，还能保证本金安全，配资额也是在4、5、6三个月达到高峰。HOMS模式直接突破了证监会的控制，建立了一整套券商系统。最顶层的国有券商只是个接口，分仓单元可以在同一证券账户下进行二级子账户的开立、交易和清算功能。也就是说，任何人都可以通过开一个子账户成为一个私营券商，而一个交易权限的开通仅仅需要配资公司在HOMS系统中做一个简单的操作，他的交易就会掩盖在同一账户下其他人的交易中而且没有任何记录。

6月29日晚上，证监会新闻发言人在答记者问中称，从对场外配资初步调研情况看，通过HOMS系统接入证券公司的客户资产规模约4400亿元，再加上铭创软件360亿元、同花顺60亿元，配资规模总额接近5000亿元。平均杠杆倍数约为3倍，也就是说有1.5万亿元杠杆资本在证监会的监管之外流入股市。

第三种是民间线下场外配资，其金额更加难以估算。全国大约有配资公司1万家，资金规模约1万亿～1.5万亿元。它们不通过HOMS系统，而是直接借钱给股民开户，监控账户保证资金安全。

进入2015年6月中旬，中国股市的表现成为全球舆论关注的焦点。原因是中国股民此时的恐慌，已轻易地战胜了先时的贪婪。中国股市在此后短短十几个交易日里暴跌。其中，上证指数于2015年7月9日一度下探至3373.54点，跌幅达到35%；创业板则于前一日下探至2304.76点，其跌幅更是达到43%。

> **【要点提示】** 较为严厉的政策调控对股市是有影响的，但是，由于中长期趋势具有较强的惯性，因此，往往需要持续出台一系列的调控政策，最终才会达到调控的目的。

9.4　90日均线是牛熊市划分的分水岭

在大盘处于高位，通过监管层出台的一些调控政策来判断大盘是否即将见顶虽然较为有效，但是，对投资者的要求还是相对较高的，尤其是对于刚入市不久的新股民来说就更加困难。针对这个现实问题，在本节将介绍最简单有效的防范重大风险的方法，即90日均线交易法。

均线是所有技术分析方法中实用性较广泛的分析方法，可以毫不夸张地说，如果只允许使用一种方法来进行技术分析的话，相信绝大多数人都会选择均线。当然，任何一种单一的分析方法都有其局限性，均线也不例外。虽然，江恩四方形在很多方面，尤其是在判断较大趋势的支撑位和阻力位，以及变盘临界点等诸多方面具备先天优势，但是，要让笔者只选择一种技术方法的话，笔者同样也只会选择均线，原因很简单，因为均线在日常使用过程中最为方便，而且只要运用得当，效果也是不错的。

其实，在实际使用过程中，我们只要充分利用不同分析工具的优点，结合其他一些在某方面具备独特优势的分析方法进行综合分析，我们得到的结论才会更加准确。没有必要去追求哪一种技术分析方法最好，只需要掌握几种典型分析方法的使用技巧，就会对投资带来巨大的帮助。均线系统不仅在日常分析中可以起到很好的作用，而且在判断大趋势方面，因为合理地设置一条牛熊分界线，就可以使投资者远离大熊市过程中的大跌风险。如图9-4所示，为90日均线的神奇作用1。

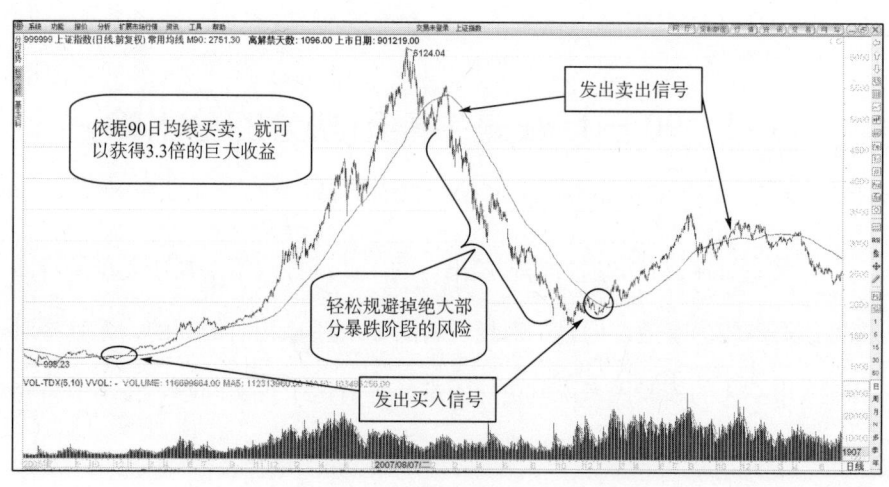

图9-4　90日均线的神奇作用1

> ➲【要点提示】运用90日均线系统来识别牛市和熊市的使用原则有两个要点：一是在运用90日均线进行大级别行情买卖时，要求之前要么是经历了跌幅超过70%的大跌，要么是跌幅超过45%，而且，调整的时间不少于3年。二是在满足以上条件时，只要是90日均线收盘站上90日均线就买入且一直持有，当股价收盘价连续3天跌破90日均线就卖出。

从上图中可以看出，依据收盘价在90日均线之上持股，以及收盘价跌破90日均线卖出分别出现了两次很好的买点和卖点。利用合理的均线设置买入卖出条件，一个最大的好处就是不需要去研究分析大盘究竟会上涨到什么点位，以及大盘最低会跌到什么点位。只需要按照走出来的结果进行相应的操作即可，这样的交易策略对于没有投资基础的人也一样适用，因为这种方法是在把握股市运行的客观规律的基础上，将异常复杂的资本市场投资简单化后的产物。

上图在大牛市到来的初期的 1144 点就非常及时地发出了买入信号，一直到发出卖出信号时的 4958 点，其间上涨 330%。可见，依据 90 日均线买卖原则，不仅在大牛市中轻松获得 3.3 倍的巨大收益，而且还规避了随之而来的熊市中大部分下跌阶段的风险。

需要提醒一下的是，在大牛市中，通常要是 4 个月都没有再创新高，那么，行情结束的可能性就会大大增加；而在大盘跌破 90 日均线之后，是否会出现较为强劲的反弹具有不确定性，所以，应该严格按照 90 日均线的卖出原则来进行，即一旦收盘价连续 3 天低于 90 日均线就全部清仓。不能指望每一次都会像图 9-4 中那样，在跌破 90 日均线之后出现了强劲的反弹。要是抱着跌破 90 日均线之后，等待之后反弹再出局的心态，就很可能造成重大损失。比如，在下面的图 9-5 中，在大盘跌破 90 日均线之后，随后的至少 1 年多时间内，指数都没有再高于 90 日均线卖出时的点位。

下面再看一下 90 日均线交易法运用到最近的牛熊市上面是否依然有效，如图 9-5 所示，为 90 日均线的神奇作用 2。

下图同样在大牛市到来时及时发出了买入信号，从上图中左边椭圆圈发出买入信号时的 2046 点开始，除了 A 点处有过两次短暂的收盘跌破 90 日均线，需要按照交易原则进行两次策略性的短线买卖操作以外，一直到发出卖出信号时的 4053 点，其间上涨 98%。虽然该轮大牛市从最低的 1849 点上涨到了 5178 点，涨幅为 1.6 倍，但是，没

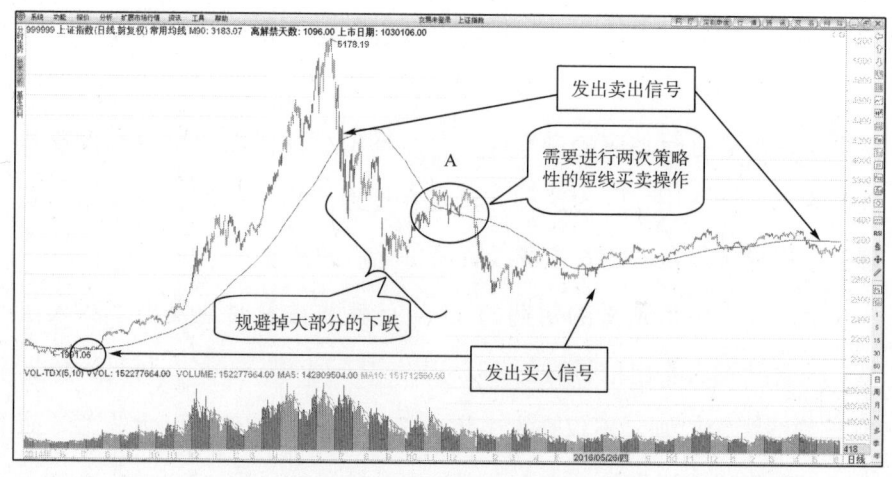

图 9-5 90 日均线的神奇作用 2

有人可以收获所有的行情，只是依据这样简单有效的一条 90 日均线买卖系统进行交易，就可以在防范了重大风险的情况下，获得大部分牛市的收益，相信对于大多数投资者来说，已经是相当不错了。

> ➲【要点提示】在这里要强调一点，就是在上图中第二次发出买入信号之后，大盘之所以仅出现了震荡缓慢上涨的行情，而没有再次出现大级别的上涨行情，是由于当时距离最近一次牛市的时间太短的缘故。
>
> 虽然此次大盘也下跌了 49% 左右，但是，距离 5178 点的大顶仅 1 年左右的时间，要想在这么短的时间内再次出现较大的行情，除非之前出现了类似 2008 年那样至少暴跌 70% 以上才有可能。

其实，要是投资者的技术分析技能更精进一些，连图中 A 点处的两次策略性短线买卖交易都可以做得更好，如图 9-6 所示，为 90 日均线使用技巧。

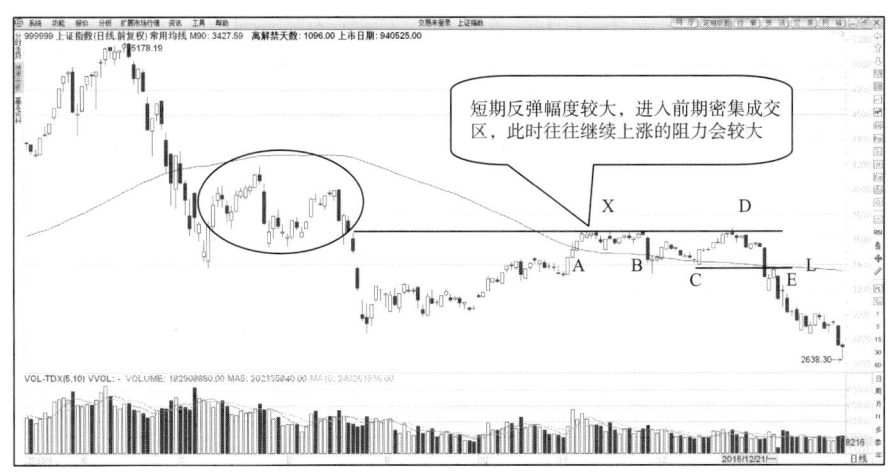

图 9—6 90 日均线使用技巧

在上图中,若是在此种情况下,依据站上 90 日均线就买入的规则来进行,那么,就会出现在 A 点的 3590 点买入,在 B 点的 3556 点卖出,随后没过几天,又在 C 点的 3520 点买入,在 E 点的 3361 点止损出局。这样,在短短一个月左右的时间,就会出现两次无利可图,而且还要付出一定亏损的代价。

在自身技能有限的情况下,即便出现上面所讲的亏损情况,也应该严格按照既定有效的买卖提示来操作,因为这种买卖形态可以在任何情况下帮助投资者规避重大风险,抓住重大机会,当然,任何一种买卖系统都无法做到每一次买卖提示都可以盈利。

要是个人综合技能较为全面,那么,在遇到图 9—6 那样的形态时,就可以依据当时的具体情况,灵活制定更加合理的操作策略,具体分析如下:由于大盘短期反弹幅度较大,进入前期密集成交区,此时继续上涨的阻力会较大。因此,在此时基本站上 90 日均线,最好也不要指望会有较大的上涨空间,若是谨慎的投资者完全可以放弃这次明显具有较大风险的机会。

如果想要参与，也可以变通一下，比如，在 C 点买入之后，完全不需要等到 E 点的 3361 点达到连续 3 天跌破 90 日均线才卖出，最佳的操作策略是在大盘上涨到前期高点 X 点附近的 D 点，也就是在 3660 点左右就出局，退而求其次，也应该在跌破 C 点的水平线 L 线那根大阴线当天就出局，因为既然跌破了前期低点，就说明走势已经较弱，后续继续下跌的概率更高，也就没有必要非要在等到连续跌破 90 日均线 3 天之后的 3661 点才卖出，而是会在更早的 3399 点就出局了。因为 C 点的最低点为 3399 点，而当时 90 日均线在 3394 点，因此，投资者只要有较强的技术分析能力，就可以依据特殊情况来灵活地调整操作策略。

下面再来看看图 9-5 中第二次发出买入信号前后的情况，如图 9-7 所示，为 90 日均线在震荡市中的妙用。

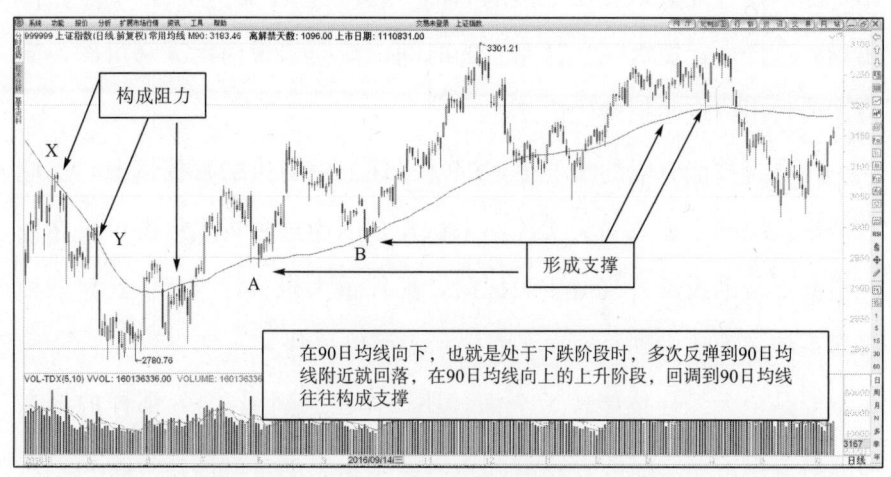

图 9-7　90 日均线在震荡市中的妙用

图中大盘的整体走势可以划分为先下跌，随后企稳震荡上升的行情。当然，由于整体波动幅度较小，上涨速率较为缓慢，而且明显是围绕着 90 日均线这一重要的中期均线进行来回震荡的，因此，即使是将上图的走势说成是震荡行情也是可以的。

在判断中期趋势的方向时，最适合的均线周期其实是 90 日均线，但是，为什么在常用均线中往往会是 60 日均线和 120 日的半年线呢？主要原因就是在有多条均线构成的常用均线系统中，更多的是将相邻均线的周期保持大体相当的时间间隔来设置的。比如，最常用的 5、10、20、30、60、120 和 250 日均线系统，除了 20 日和 30 日均线间隔较近以外，其他相邻均线之间的间隔均大于或等于 1 倍。

在 90 日均线向下，也就是处于下跌阶段时，多次反弹到 90 日均线附近就回落，如图中的 X 点和 Y 点所示，有资格从事融券或是股指期货的投资者，在此时可以通过做空手段来获取一定的收益了。而在 90 日均线向上的上升阶段，当回调到 90 日均线往往构成支撑，如图中的 A 点和 B 点，在接近这两点之后，均出现了缓慢上升行情以来的两次最大幅度的上涨行情。

9.5 股市运行与监管之间的关系

首先，国内股市还是一个对外开放程度相对较低、较为封闭的市场，虽然有合格境外机构投资者（QFII），然而规模太小，不足以影响股市的运行。且实行较严格的资本管制，国际热钱无法很顺畅自由地流进流出。其次，从有股市以来，就是先天不足，存在严重制度性缺陷，长期可流通的股份只占总股本的三分之一左右，2001～2005 年就主要因为国有股将要减持而一跌就是 4 年。目前流通股份额不断增大。不过强调一点，目前中国资本市场逐渐和国际融合接轨，逐渐放松各种管制，更多对国际资本开放是一个必然的趋势。可能要出台的融资融券、股指期货及国际版就是政府加快国际化的具体体现。尽管如此，A股市场仍有一些原因导致资本市场的市场化及市场经济固有的自我定价调控功能无法充分发挥，可以想象，广大投资者将面临愈来愈复杂的投资环境，从而对投资者的综合素质提出了更高的要求。未来越来越难赚钱，股市总体估值水平越来越低将是大势所趋（这是长期价值投资者面临的一个重要的风险），因为会逐渐与国际市场接近。

至于管理层出台的相关调控政策与股市的关系，可以用雨与火把来形容。在股市热情高涨时，管理层出台一般的调控政策，不会导致股市大趋势马上逆转，通常会短期波动一下，然后继续惯性运行一段时间，不过这个时间不会太长，一般为2～6个月。最典型的是2007年"5·30"暴跌，其时，股市一路狂涨，管理层持续多次的风险提示无效，而将印花税从1‰提高到3‰，致使大盘5天跌幅达21.5%，许多个股连续5个跌停。之后股市又延续了5个月见顶。当然这并不意味着管理层没有能力马上改变市场的大趋势，主要是管理层不愿采用太极端的手段。

热情高涨的股市就像是一个已经点燃的、熊熊燃烧的火把，管理层出台的一般调控政策，就像下小雨，需要一段时间才能将火把浇灭，管理层若出台强硬调控政策，就像一场倾盆暴雨，会很快将火把扑灭。炒股要理解管理层的意图，不能反其道而行之。

但是，政府若想让股市上涨，则不一定能马上见效。原因是在经历了漫长、痛苦的熊市的惨痛亏损后，即使政府有心救市，但投资者信心的恢复需要漫长的时间，且大多数人无法判断未来的大趋势，所以股市的最低点总是在政府几次救市之后才出现。